中国物流专家专著系列·2021

我国物流通道建设相关因素分析与方法研究

汪芸芳　郭宏宇　著

中国财富出版社

本书能够解决物流通道及物流网络中企业运营遇到的实际问题，方法易于实施，具有广阔的应用前景。汪芸芳负责第1、3、10章内容及全书的统稿工作；汪芸芳、汤沛杰负责第2章内容；汪芸芳、王兴宾负责第4章内容；汪芸芳、刘粉负责第5章内容；汪芸芳、王雯负责第6章内容；汪芸芳、湫铭乐负责第7章内容；汪芸芳、熊姝颖负责第8章内容；汪芸芳、郭宏宇负责第9章内容。由于作者水平有限，书中难免有纰漏之处，恳请指正。

本书受北京社会科学基金研究基地项目（2017JDGLB017）、北京市委组织部优秀人才培养资助项目“京津冀多式联运枢纽动态监测网络平台构建研究”及2018年北京物资学院校级重大项目（2018XJZD06）的资助。对于其中涉及的物流通道数据等内容，本着为从事该领域专题研究的读者提供方便的目的，作者在附录中予以收录。

北京物资学院物流学院　汪芸芳

2020年6月

目　录

1　绪论

1.1　物流相关概念

根据《物流术语》(GB/T 18354—2021),物流是根据实际需要,将运输、储存、装卸、搬运、包装、流通加工、配送、信息处理等基本功能实施有机结合,使物品从供应地向接收地进行实体流动的过程。

有关物流的其他定义如下。

首先,物流不仅包括销售预测、生产计划决策、库存管理、顾客订货处理等相关的生产物流,还延伸至与顾客满意度相关的各种营销物流活动。

其次,物品不仅指生产的商品,还包括伴随生产和销售出现的包装容器、包装材料等废物。表明物流活动是从商品使用到废物回收的整个循环过程。

再次,顾客不仅指一般意义上的消费者,还包括制造业者、批发商、零售业者等需求者。

最后,物流不仅指货运物流,还包括商流及信息流。

现代物流的目的是综合应用现代多种科学技术手段,通过经营重要资源,如时间、物流质量、备货(所需商品及其数量)、信息等,促使物流服务品质提高,降低整个过程的物流成本,实现企业的高收益(孔繁钰,2016)。

物流通道是指连接物流园区、物流基地、物流中心等之间,以及它们和外部交通基础设施(包括铁路、公路、水运、航空等货运站场)之间的货运道路系统。物流通道建设主要是构建快速畅通的货运道路体系,保证物流中心与物流园区、物流节点等之间的各项物流功能顺利实施,以达到货畅其流的目的(李牧原,2017)。

物流大通道是指由多种运输方式构成的跨区域、长距离、高强度货物流动的走廊，具有交通资源密集、战略地位突出等特点。推进物流大通道建设，对于加强交通物流融合发展、提高物流业发展水平、促进区域协调发展、优化产业布局等具有重要意义。

一般而言，物流系统有两大类：一是任何两点之间均由直接线路连接，形成网状的物流系统；二是“车轴与车辐型”物流系统，即“轴辐式”网络。“轴辐式”网络是指运输业者选择网络系统中的一个中心点作为“车轴”，其余节点的货物都集散到该中心点，再由该中心点运输到另一个中心点，或者由这个中心点将货物发送到其他节点，中心点相当于“车轴”，其余节点相当于车轮的“车辐”（孔繁钰，2016）。

1.2 研究目的及意义

1.2.1 研究目的

在通道节点方面，须重点提升枢纽功能，打破行政区划分割，满足服务跨区域发展需求，将前一阶段以单环节、单企业、单项目为特征的发展，推向以城市群为区域、以物流全链条组织为重点的发展。在通行管理方面，重点加强不同运输方式交通流协同管控，优化铁路局跨局车流组织和线路调度，推进公路和水路领域综合（联动）执法，尤其是公路路政、运政和公安部门的综合执法，强化综合协调和互联互认。

通道网络完善通畅。研究目的在于使通道基础设施瓶颈得到有效缓解，网络结构显著改善，服务水平有效提升。通道内货运结构进一步优化，铁路和内河水运货运能力及分担比例稳步提升。

枢纽功能优化提升。以联运枢纽（城市）为核心，推动建设一批影响力大、辐射力强的货运枢纽（物流园区），完善多式联运、干支衔接、口岸服务等功能，充分发挥港站枢纽的物流集聚效应。

运输组织集约高效。通道内海铁联运、江海直达运输、甩挂运输等先进运输组织方式得到广泛应用，主要城市群绿色货运配送体系初步形成。运输装备标准化、专业化水平明显提升。

信息资源开放共享。通道内跨运输方式、跨部门、跨区域信息共享与管理协同水平显著提高。北斗卫星导航系统、大数据等先进信息技术在通道内广泛应用，依托国家交通运输物流公共信息平台的信息共享有序开展。

物流大通道建设还面临着众多挑战，破解物流大通道“三跨”（跨区域、跨部门、跨方式）和“三通”（硬件通、软件通、体制通）瓶颈迫在眉睫，全面提升主要运输大通道的物流服务功能势在必行。基本形成物畅其流、集约高效、智慧绿色的物流大通道体系目标，通道集聚和辐射效应充分释放，服务功能和物流效率明显提升，支撑国家战略实施能力大幅增强。

1.2.2 研究的理论意义

在庞大的物流交通网络中，如何实现众多城市的物流通道协同发展，实现物流成本最优，提高运输效率，是需要解决的问题。物流基础设施网络化、物流信息系统网络化、物流组织网络化已经成为当今物流发展的趋势，物流通道一体化建设是地区间物流园区互通互联的重要保障。合理利用物流园区现有物流设施，满足供应商及顾客更多的选择，实现城市间物流运输网络均衡发展越来越重要。

我国的物流网络仍然是一个社会物流费用较高、物流管理效率低于客户需求的网络，三网合一的现代物流系统是一个复杂网络，还须对物流网络理论进行更深入的应用优化研究。基于时间竞争的物流快速响应系统是目前激烈的市场竞争环境对物流网络提出的新要求。如何在复杂的物流网络中科学地配置资源，如何在成本和时间兼顾的情况下实现这一诉求，是多式联运物流网络研究需要进一步探索的问题。动态整合的思想是进行这一探索的有力工具。供应链网络资源动态整合的研究，对多式联运交通网络实现快速响应具有重要的理论意义。

国际物流通道由一个完整的物流产业带动贸易聚集的系统构成，通道网络为“轴辐式”结构，大通道带动大枢纽，大枢纽带来大中转，大中转带来大集散，进而带动大量新增贸易，实现贸易平衡，故称为“贸易平衡模式”。这种模式是由“节点建成多式联运枢纽 + 商贸集散地，线路建成物流干线 +

境内外网络，服务包括物流服务 + 国际金融服务，政策环境是内陆口岸 + 新型贸易区”构成的通道综合能力。

1.2.3 研究的现实意义

在快速型经济中，先进的技术不断加快经济体的运转速度。决定快速型经济发展步伐的是其处理交易和决策的速度，这对物流服务快速整合空闲资源、响应客户需求的能力提出了新的挑战。面对经济全球化和市场竞争的加剧，物流企业已经不能单纯依靠发展某种物流服务的单一经营机制适应复杂的市场变化，物流服务提供商只有对顾客多样化的要求和选择做出快速响应，敏捷应对市场变化，积极与同行合作，形成具有竞争力的多式联运物流网络，并快速高效地配置网络资源，才能在市场中处于领先地位。水路运输、铁路运输相比公路运输，单位运距产生的能源消耗与废物更少，但仍不足以完成门对门的运输，而采用多式联运的方式可以降低碳排放量，同时降低单位社会物流成本。

物流通道由物流空间走廊、多条线路形成的复合交通运输轴、由分散到相对集中的货流、聚集的物流基础设施和多个运营商提供的稳定的运输服务构成。以往业内在规划物流网络时，主要关注节点的布局，忽略了通道的规划，节点只说明了物流网络静态设计的部分，线路的概念过于简单，难以支撑物流网络的复杂性和动态性的内涵。物流通道是物流网络的动态描述。

供应链协同发展的物流网络，采用集装箱技术实现物流资源互通互联，实现由铁路、水运、公路、航空组成的现代化多式联运物流资源优化配置，实现社会物流成本的综合降低。在此基础上，多层次、一体化的交通网为供应链协同发展的物流通道建设提供了实施基础。从基础设施通道到物流通道，一个很重要的区别在于，通道上有了运输服务的产品以及实现货物流通的运输组织者。

因此，进行物流网络资源动态整合的研究，不仅可以进一步完善物流通道理论方法，还可以探索一套实现物流通道网络均衡的模式，对物流企业有效提高运营效率、抢占市场先机、提高客户的满意度和忠诚度以及经济发展起到促进作用。

我国应大力推进物流大通道建设，大力发展多式联运和江海直达运输，支持“互联网+”交通运输物流新业态，推进道路货运无车承运试点，引导支持平台型物流企业和企业联盟发展，实现跨省大件运输网上许可和跨省并联许可。加快县乡村三级物流服务网络和“多站合一”物流节点建设。大力发展现代航运服务业，推进实施快件“上车上船上飞机”工程。对大通道和枢纽节点并非以完全新建为主，核心不是重新规划布局，关键在于按照一定的条件和标准识别和提升。

建设物流通道的目标，第一是解决本地制造业、加工业、商贸业与国际市场快速连通及物流效率问题。第二是带来新增贸易，也就是通过通道形成枢纽，促成新的贸易。如果只是通过补贴和低价，把别的通道的货物转移过来，而没有带来新增贸易，实际上是劳民伤财的事。以打通物流大通道全链条为突破口，聚焦重点难点，建设及优化物流管理。物流大通道的建设旨在提升物流大通道的承载力、辐射力和带动力，最终实现资源集聚整合、要素集约配置、产业集群发展，以加强国内国际互联互通，推动经贸交流合作。

1.3 研究现状和趋势

1.3.1 物流网络研究现状

我国对物流通道的认识经历了三个过程：交通通道、经济走廊、物流通道。交通通道注重基础设施的建设，在货运量大的运输线路上铺设复合交通轴，这个时期我们依据的理论是“基础论”，即交通运输是国民经济的基础工程；经济走廊注重经贸交流，拉动跨区域合作，解决发展不平衡问题，交通运输服务能力要与经济发展水平相适应，并且要建立适度超前的基础设施，提出“适应论”和“超前论”；物流通道注重物流服务供给能力，注重对供应链布局的优化，形成新的经济合作格局。因此，国家提出了交通运输是“战略性”“引导性”行业，提出了“引领论”发展理念。大多运输通道服务于大宗物资，追求重载化，与小批量、勤配送、多站点、多产业客户、多分拨、高效率的物流服务不相适应，铁路运输尤为明显。物流通道是以服务于国际供应链变革的新要求、追求经济规模为出发点，以创新规则为驱动，是有形的设施联通与无形规则衔接的服务系统，需要各种运输方式形成高度的战略协同，需要利益相关方共同的顶层设计。物流通道的基础是网络建设，包括交通、运输、集货、运营组织和信息化网络。通道建设运营主体是各环节主导企业通过战略协同形成的平台化组织，运行的手段是跨界信息平台。

国外部分学者对物流组织的研究成果表明，物流组织间应该进行协同运作、整合经营。各国学者通过针对各国物流交通网络的不同特点做出相应的研究来解决该问题。

Celebi 等（2010）通过一个土耳其小型电器制造商物流管理案例，给出了应用网络流程法决策最佳物流伙伴的方法。这个方法为应用网络流程处理物流问题开拓了思路。Yuen（2013）应用原始认知的网络流程给出了物流外包决策的多个标准和选择，为显著影响企业绩效的物流外包决策问题提供了一个有效的决策方法。

Sipahi 等（2010）对网络流程分析法做了应用研究综述，根据研究结果，他们预计网络流程分析法将会得到更多的关注和应用。Boran 等（2010）应用网络流程思想研究了商品采购等问题。

国内学者丁于思等（2014）建立了多周期多目标再制造物流网络的动态选址模型，以确定各周期内网络设施的位置分布、数量及设施间的运输量等，通过比较静态选址和动态选址结果可证明，动态选址能够充分利用网络设施资源兼顾各周期不同情况，具有很强的应用性。

宋志刚等（2014）认为，在推动资源整合时，可以通过物流组织的服务设计来识别需要整合的资源，分析各整合方的利益分配来提高各整合方的积极性。黄定政等（2014）认为统筹规划、有效整合、全面管理应急物流信息资源、实现应急物流信息资源整合，有助于最大限度地聚合社会物流力量，确保应急物流资源力量快速应急响应，发挥高效可靠的保障效能。

王非等（2011）提出了物流集聚区是一种以物流业为主的新型服务地域综合体，是物流网络系统中最高等级的网络节点。根据基本功能、配套功能与增值功能在园区内发挥的作用大小，以物流园区初级模式为基础，将物流集聚区功能整合模式归纳为以增值功能为特征的创新模式和以现代服务业为特征的高级模式。

马晓燕（2011）认为我国物流业发展环境将逐步完善，整合物流资源、调整产业结构和发展方式，将逐渐成为整个物流业的发展方向。她分析了我国物流资源整合存在的问题及其成因，指出了我国物流资源整合的必要性和迫切性，并基于理论构建物流资源的整合模式，提出应致力于物流技术提升和体制创新，提升物流产业地位，力求物流基础设施投入－产出效能比最优。

单丽辉等（2011）对物流网络的系统性、网络要素、网络状态和网络主体构成进行分析，提出物流网络是由横向的基础设施网络、物流组织网络、物流信息网络与纵向的物流需求网络、物流功能网络、目标客户网络交叉形成的立体网络系统，并根据物流网络的构成构建了物流网络资源，整合模式使物流资源从整体上实现了层次、流程和空间的立体整合，为物流网络资源的有效利用和物流网络优化提供了重要基础条件。

这些研究给出了几类情况下物流资源的整合模式，为其他物流资源整合问题提供了思路。但这些研究未涉及物流网络的资源动态整合问题，因此，物流网络资源的整合模式及模式的动态最优化问题还有待进一步研究。

1.3.2 多式联运研究现状及趋势

多式联运指由两种及两种以上交通工具相互衔接、转运而共同完成的运输过程，这些统称为复合运输，我国习惯上将其称为多式联运。因此，多式联运可表示为多种运输方式连贯运行，一次托运、一次计算、一票到底，最终实现门到门服务，实现全程供应链服务的运输方式。然而目前国内80%以上的货物运输仍然仅仅依赖公路，公路、铁路、水运、航空之间的联网运输能力很差，这也导致物流成本居高不下。

发达国家物流的多式联运因使物流成本大幅降低而广受追捧，在我国多式联运的优势却无法得到体现。我国多式联运，特别是水铁、公铁联运应用范围较小，主要原因是各运输部门之间的不互通，这造成了物流成本增加，多式联运的成本优势不能体现出来。在我国大连港，水铁联运一般占到了货物运输总量的10%，有30%～40%的运输量靠海路运输，50%～60%的运输量靠海路和公路联运。很多物流公司选择公路运输，因为铁路运输无法达到像公路运输那样的灵活性，对于奉行 JIT（Just In Time，准时制生产方式）的企业来说根本就无法接受，不得不选择运费高昂的公路运输。相比铁路运输，公路运输量少、载货灵活，货物送到目的地后，回程相对容易配到货物，反而降低了成本。早些年我国海运和铁路的联合运输量占港口集装箱吞吐量的比重不到 5%，而欧美国家和地区海运和铁路联合运输所占比重能达到 40% 左右。

通常情况下，500 千米以上的路程，铁路运输在成本上比公路运输占优势，运输距离越长，铁路运输的成本优势越明显。而目前的客观现状是由于国内各种物流资源的配置不合理，以及地域经济发展的不平衡、信息不对称等因素，在有些情况下铁路运输比公路运输成本还高。又由于运输部门之间缺乏协调配合，水路、公路、铁路、航空以及港口分属不同的部门管理，各有各的经营模式，各有各的利益诉求，因此很难有各部门都认同的合作机制。这也是制约多式联运发展的一个重要因素。对于如何在固定的同一空间里合理划分必要的利益，并通过物流信息化平台的信息，使货物运输达到最佳的运力资源分配，现阶段还没有更有效的方式。

国际多式联运（International Multimodal Transport）是由多种运输方式组成并需要密切协作的联合运输。在一些相关的文献中，与多式联运相关而又可以相互替代的概念包括多式联运、国际多式联运、集装箱多式联运和国际集装箱多式联运。《联合国国际货物多式联运公约》对国际多式联运的定义为，国际多式联运是指按照多式联运合同，以至少两种不同的运输方式，由多式联运经营人将货物从一国境内接管货物的地点运至另一国境内指定交付货物的地点。为了实现交通运输行业的可持续发展，美国在其国家运输科技发展战略中，将建立综合性的、智能的、环境友好的交通运输系统作为其交通运输行业的总目标。我国国务院于 2014 年已将多式联运列入《物流业发展中长期规划（2014—2020 年）》的十二大重要工程之一。美国颁布“冰茶法案”（ISTEA）将“构造一个统一、无缝、有效、经济、安全和环保的国家多式联运系统”树立为美国运输政策的核心。如何在固定的同一空间里通过物流信息化平台的信息，使货物运输达到最佳的运力资源分配，建立动态监测评估机制，是亟须解决的问题。

系统化推行“多式联运”一直是物流管理领域理论研究者与实践者关注的重点。多式联运可以有效提高物流通道运输效率。崔艳萍等（2014）研究发现美国多式联运的一大特点是客户在与集装箱班轮公司签订运输服务合同时，要求“门到门”运输的比例较高，因而集装箱班轮公司在美国的多式联运中成为主要的组织者和协调者。王爱虎等（2015）分析了欧洲内河水运的多式联运模式及现状，围绕欧洲内河水运多式联运进程的六个方面，对欧洲内河水运多式联运发展的成功经验进行了概括总结。樊一江（2017）认为多式联运发展为欧美国家带来显著经济效益和社会效益，有效支撑产业、贸易转型升级，缓解交通压力与资源环境约束。王颖等（2016）认为在总成本、总时间、可靠性、安全性和运输能力五个因素中，总成本是影响多式联运最重要的因素，其次是可靠性、运输能力、总时间和安全性。赵光辉等（2015）认为须搭建多式联运主骨架。公路主干线、水运主通道、铁路主动脉、港站主枢纽、口岸主平台“五位一体”衔接协调，构建多式联运主骨架。依托北部、东部和南部集装箱主枢纽港区群，完善港口集疏运体系，发展铁—水、公—水集装箱多式联运。依托阿拉山口、霍尔果斯、绥芬河和满洲里等铁路口岸，利用欧亚大陆桥开展对欧洲公—铁、铁—水集装箱多式联运。谭小平（2017）认为改善设施和装备的硬件条件是推进多式联运发展的基础和前提，要加强统筹、超前谋划，避免新的建设造成新的阻隔和浪费。汪鸣（2017）认为“一带一路”和多式联运的结合体现在节点性的运输、物流设施布局。

以上学者分析了多式联运建设的重要性及其主要影响因素，但这些研究未涉及物流网络的资源动态整合问题，对于物流网络资源的整合模式及模式的动态最优化问题还有待进一步研究。

1.3.3 物流成本管理相关研究综述

1. 成本管理研究综述

对于物流成本管理，国外的研究较早，且学说较多；由于国内物流概念的引入较晚，所以对于成本管理关注较少，大多将注意力放在物流的重要性上。

彼得·德鲁克（1962）提出的“黑大陆”学说让管理者们意识到控制物

流成本的重要性。

日本早稻田大学的西泽修（1970）提出了物流成本的“冰山”学说，他认为现在企业所计算的成本是不全面的，很多隐性成本由于管理方式的问题无法被计算在成本内，应该引起管理者们的重视。他还在“冰山”学说基础上提出物流成本控制是企业的“第三利润源”，不仅能提高企业的生产效率，还可以降低企业的物流成本。

国内方面，何素华（2011）通过对比我国与欧美国家和地区企业物流成本分别占经营成本的比重得出我国物流成本占比依旧较高的结论，说明我国的物流成本控制还有较大的发展空间。

张丽等（2012）通过研究物流成本与服务水平的关系，得出物流成本与服务水平的效益背反规律，认为对物流成本的控制不应该仅仅局限于成本本身，更应该放眼于整个物流过程，物流成本的控制是为整体物流过程服务的。

王钦（2016）认为，企业不能仅关注物流服务的某一个环节，而应该着眼于物流的整体过程，否则某一个环节或者某几个环节的成本降到了最低，反而会因为最低成本导致物流服务衔接的断裂，最终要花费更多的费用去弥补损失，达不到有效控制物流成本的目标。

王佳妮（2018）通过对汽车制造企业的物流成本研究，发现逆向物流也会为企业带来巨大效益，注重回收废旧零部件可以降低物流成本，提高产品的利用率。

综上所述，对于物流成本不能一味地控制单一物流环节，而应该着眼于全局。但是以上学者对于物流成本的研究停留在原理的发现部分，对于具体哪些方面可以对物流成本产生影响、产生什么样的影响还缺乏更深入的研究。

2. 估时作业成本法研究综述

国外对估时作业成本法（Time Driven Activity - Based Costing，TDABC）的研究主要集中在实际应用方面，在学术研究中则关注估时作业成本法的准确性。Bruggeman（布吕热曼，2004）指出估时作业成本法比传统作业成本法更适用于物流企业复杂的业务，有利于帮助企业实现更大的盈利。Kaplan（卡普兰，2004）指出，可以把估时作业成本法和六西格玛管理、精益管理、供应链优化等思想结合应用，拓展估时作业成本法的应用范围和内涵。Szychta

（史兹查塔，2008）将估时作业成本法运用在服务行业，发现相较于 ABC（Activity－Based Costing Method，作业成本法），TDABC 在成本管控上具有优越性、易操作性。此外，Everaert（埃弗雷特，2008）指出使用估时作业成本法可以提高数据的准确度，同时在客户盈利能力的分析上也提出了新的见解。Hoozée 和 Bruggeman（2010）利用 TDABC 并结合案例研究发现，企业员工参与企业管理和领导的过程中，不同的参与方式会对企业经营改善、流程管理产生不同的影响。Gervais（2010）则认为虽然 TDABC 为成本控制问题提供了部分解决方案，但仍然存在一些固有的缺点，除了要选择使用标准成本还是实际成本外，形成方法的基础时间的衡量也存在一些问题，数据处理应用的质量仍然是降低该方法复杂性的重要因素。Mehdi（梅迪，2013）尝试通过模糊时间驱动基于活动的成本核算（Fuzzy Time Driven Activity－Based Costing，FTDABC）来更准确地估计时间，并以使用模糊逻辑降低误差系数作为成本动因。基于上述文献，可总结出估时作业成本法在国际物流企业应用的真正目的是监督劳动时间，估时作业成本法若想在物流企业实际应用中提高物流企业运营效率，应对各项作业合理准确估时。

国内关于估时作业成本法及物流企业成本控制的研究主要体现在理论介绍上。董雅丽等（2008）在物流作业成本法的基础上，加进了基于物流时间的物流成本核算方法，试图通过基于时间与作业相结合的物流成本核算模型与方法，进一步挖掘物流隐性成本，为企业降低成本、提高利润提供新的途径和思路。裴学增（2010）运用估时作业成本法计算出企业的闲置产能，并提出了闲置产能对企业的重要性。邓爱民等（2014）认为时间研究是一种能有效且准确测量物流作业时间的方法，利用时间研究进行物流作业成本核算管理不仅为企业提供了准确的成本信息，而且将实际作业时间和标准作业时间对比，可以找出改进方向，提高工作效率。刘瑶（2014）对物流中心的作业成本展开了研究，采用时间驱动作业成本法对物流中心的作业成本进行核算，并根据成本信息优化作业，达到控制作业成本的目的。洪莛等（2017）以某物流企业为例，从内部供应链和外部供应链视角出发，探讨了第三方物流企业供应链成本管理模式，针对“管理决策层—业务操作层—财务处理层”三个层级，探索了基于“战略成本管理—目标成本管理—作业成本管理”的第三方物流企业供应链成本管理模式。上述国内研究尚未把估时作业成本法拓展到第三方物流企业的实际应用中来，而国际物流企业由于作业种类及动因多，难以反映成本的实际消耗，因而一般作业成本法核算物流成本较难达到作业成本与物流成本的最优化。

1.3.4 公铁联运相关理论研究综述

我国对多式联运的研究与美国、欧洲等发达国家和地区相比起步较晚，发展较慢。

刘秉镰等（2009）对我国国际多式联运发展现状进行了研究，认为我国国际多式联运存在管理体制不合理、铁路运力不足等制约因素，提出应加强信息化管理等建议。我国公铁联运的信息化程度还未达到美国、欧洲等发达国家和地区的水平，纸质单据的使用依旧普遍，这对提升运输效率、减少人力成本等方面都有着不利影响。

Pekin（皮京，2009）对欧洲的多式联运进行了总结，并利用比利时多式联运码头位置分析模型（Location Analysis Model for Belgian Intermodal Terminals）对不同成本、燃油定价策略等进行分析，寻找其对多式联运发展的影响。不同因素对多式联运的发展有着不同程度的影响，而不同因素之间往往又存在相互影响，因而影响因素的判断也是多式联运发展中重要的一环。

Ponti（庞蒂，2013）对欧洲的运输政策进行了总结，认为规划和促进新的基础设施建设、竞争和管制政策、环境相关政策对多式联运有深远影响，在考虑企业自身影响因素的基础上提出政策对于公铁联运企业起到决定性作用。

Tawfik（陶菲克，2015）对多式联运的定价做了研究分析，作为影响公铁联运物流成本的重要组成部分，多式联运的定价模型决定了成本的计算方法。

王娟等（2015）对我国铁路集装箱运输进行研究，认为应加强集装箱运输技术的发展，尽快形成多式联运通道。除了信息化水平的提升，技术的发展可以节省运输时间和规避操作失误，形成多式联运通道，制定统一运价，有利于形成一个标准化的多式联运成本定价。

张文静（2017）通过对我国多式联运发展的分析，得出了多式联运具有降低社会物流成本、提高综合运输效率和运输可靠性，以及提高能源利用效率等优势，体现了多式联运对于提高企业竞争力的重要影响。

黄娟（2018）运用仿真企业的经营模式研究多式联运的组织构建方式，提出运输企业对于多式联运运输模式的选择是环境刺激强度、经验、综合实力、资源、成本等多个因素综合作用的结果。

综上所述，以上学者的理论对于多式联运发展的研究具有借鉴意义，并且认为影响多式联运的因素是多样的，但是对于如何通过这些因素提高多式联运效率、如何完成对成本的管理还缺乏研究。

1.3.5 中欧班列国内外研究现状综述

王娇娥等（2017）通过研究中欧班列运营的意义以及现存的主要问题，提出构建“轴辐式”的班列组织模式，设置重要货物集散枢纽，统一规范管理中欧班列，使中欧班列运输成本减少。王杨堃（2015）系统归纳了中欧班列的发展状况和特征，分析了其在市场需求、运输组织、运营体制等方面存在的问题，并据此提出了有利于中欧班列发展的建议。王艳波（2017）分别阐述了中欧班列的开行情况、发展趋势以及开行特点，在此基础上对沿线交通基础设施和配套服务支撑能力、贸易需求对接情况、综合运输成本、货物运到期限等影响中欧班列发展的因素进行分析，并提出了中欧班列的发展建议。李佳峰（2016）通过分析中欧班列的开行现状和存在的主要问题，提出优化铁路物流中心布局、加强国际中转型物流节点建设等中欧班列的优化对策。毕国通（2017）通过分析中欧班列发展过程中遭遇的困境，提出了扩大往返货源种类和服务范围、系统地整合与优化中欧班列、统一运营标准和开展多式联运等建设性措施，为发展“一带一路”倡议提供了有力支持。

黄丽（2016）在对中欧班列运行现状充分研究的基础上，分析了中欧班列的 3 条主要通道和 17 条主要线路，提出了加快中欧班列中转集结站建设、在欧洲设立中欧班列物流集散中心等具有针对性的有效对策。张超等（2016）总结了中欧班列的发展现状，通过运用 SWOT 分析法（态势分析法）对中欧班列发展过程中的优势、劣势、机会与威胁进行分析，并据此指出了今后的发展对策。此外，文中的对策分析也为中欧班列的可持续健康发展提供了参考。

崔艳萍等（2017）研究了中欧间铁路运输通道的发展情况和存在的问题，并据此提出利用亚欧铁路运输通道来提高中欧班列服务质量的策略，为促进中欧班列的发展提供参考。赵青松（2017）以构建中欧班列新疆集结中心为研究重点，分析了有利条件，还进一步研究了影响中欧班列运输便利化的制约因素等有关问题，提出了发展中欧班列新疆集结中心的对策与建议。赵光辉等（2017）鉴于“一带一路”沿线国家和地区存在的相关问题，为推进沿线国家和地区的物流系统一体化与经济发展合作，提出将沿线国家和地区的物流节点有效地连接成一个整体并加快与沿线国家和地区深层次融合的建议。

付新平等（2016）选取 7 条具有代表性的中欧班列作为研究对象，对已开行的中欧班列的经济性进行分析。通过构建价值量模型，分别计算出每条班列线路的价值量，再根据计算结果进行比较分析，筛选出最优的班列线路。在此结果的基础上，建议国家颁布有关政策来解决货源问题、统一对外运价、完善班列物流服务体系等有助于改善中欧班列经济性的策略和措施。付新平等（2017）从中欧班列运行线路和运输组织的角度出发，从我国中西部地区中欧班列的经济性进行分析，对班列满载率不高等问题进行研究。通过采用集结发车的模式，建立运费和时间多目标优化模型，利用遗传算法对此进行求解。王迪（2017）在相关课题研究的基础上，把提升中欧班列开行的时效性和稳定性作为优化目标，对中欧班列网络化运输组织模式及开行方案进行重点研究。韩雪（2017）认为中欧班列的开行方案对于提高班列货运市场的占有率，以及增加中国与欧洲之间的贸易量具有现实意义，因此研究了中欧班列开行方案的相关问题。推进“一带一路”建设工作领导小组办公室全面部署了2016—2020 年中欧班列 5 年的建设发展任务，从中欧班列的发展环境、总体要求、空间布局、重点任务和保障措施五大方面做出了详细的规划。

综上所述，对于在“一带一路”倡议下中欧班列的研究，国外学者的研究较少，而国内学者主要是对中欧班列的开行现状和存在的问题进行总结与分析，仅仅停留在宏观层面，对中欧班列开行中存在的问题进行具体研究的较少。对于物流节点选址问题，国内外的学者已经进行广泛而深入的研究。从单一目标的选址到多元目标的选址，从离散选址模型到连续选址模型，从定性或定量分析到两者相结合。现有的各种物流节点选址模型能够从不同的角度和目标出发，为解决物流节点的选址问题提供充分的理论依据。

在“一带一路”倡议被提出以后，由于市场需求的不断扩大，中欧班列的数量呈现了爆发式增长。此外，中欧班列作为促进亚欧沿线国家和地区贸易的重要手段，相比于之前的海路运输和海陆联运，大大缩短了中欧之间的运输距离和时间。物流成为中欧班列发展的重要基础和推手。从宏观上来讲，物流业在“一带一路”的建设过程中，在促进沿线国家的贸易交流以及经济联系上发挥着重要作用。从微观上来讲，物流既是中欧班列常态化运行的保障，也是班列在运营过程中带动当地发展最为直接的体现。

2 中美物流通道相关因素研究

美国为物流先进国家，并且国土面积与中国国土面积相近，本章对中美之间的物流绩效指数、物流相关数据进行了对比分析，方便我们找出与物流先进国家之间的差距。

2.1 中美物流绩效指数对比研究

物流绩效指数较低的国家所需要的成本较高，这不仅是因为运输成本高，还因为供应链可靠性差，这是全球价值链整合与竞争中的主要问题。在全球所有国家中，信息与通信技术基础设施质量的评分越高，物流绩效最低与最高国家的差距越小。相反，人们对铁路基础设施的满意度仍然较低。满意度差异最大的方面是仓储与转运基础设施，最顶部 LPI（Logistics Performance Index，物流绩效指数）分区中有 65% 的受访者认为仓储与转运基础设施质量高或非常高，但在最底部 LPI 分区中仅有 13% 的受访者持此观点。

世界银行物流绩效指数从六个构成要素对各个国家进行分析。

（1）清关程序的效率（海关）；

（2）贸易和运输相关基础设施的质量（基础设施）；

（3）安排价格具有竞争力的货运的难易度（安排货运的便利性）；

（4）物流服务（货运、代理和海关报关）的能力和质量（物流服务质量）；

（5）追踪查询货物的能力（追踪与追溯）；

（6）货物在预定或预期的时间内到达收货人的频率（及时性与可靠性）。

这些要素基于近期的理论、实证研究以及从事国际货运代理业务的物流专业人士的实践经验而确定。这六个构成要素可以分为两大类进行描述：第一类为政策法规领域，显示了对供应链（海关、基础设施和物流服务质量）的主要输入项；第二类为供应链绩效结果，对应 LPI 中的及时性与可靠性、安排货运的便利性和追踪与追溯。

及时性与可靠性是全球价值链企业的重要考虑因素，确保按时交付与清关的能力，是全球价值链主导企业应该重视的能力。

中国物流绩效指数（不包括中国香港、中国台湾地区）2016 年在世界范围内排第 27 位。中国物流绩效指数数据如表 2－1 所示。近年来中国物流绩效指数综合分数稳步上升，贸易和运输相关基础设施的质量这一指标提升明显；安排价格具有竞争力的货运的难易度这一指标提升明显；追踪查询货物的能力这一指标也有明显的进步；物流服务的能力和质量、货物在预定或预期的时间内到达收货人的频率、清关程序的效率等指标整体上均有所提升。

表 2－1　　中国物流绩效指数数据

指标名称	2007 年	2010 年	2012 年	2014 年	2016 年
综合分数（1＝低，5＝高）	3. 32	3. 49	3. 52	3. 53	3. 66
追踪查询货物的能力（1＝低，5＝高）	3. 37	3. 55	3. 52	3. 50	3. 68
货物在预定或预期的时间内到达收货人的频率（1＝低，5＝高）	3. 68	3. 91	3. 80	3. 87	3. 90
物流服务的能力和质量（1＝低，5＝高）	3. 40	3. 49	3. 47	3. 46	3. 62
安排价格具有竞争力的货运的难易度（1＝低，5＝高）	3. 31	3. 31	3. 46	3. 50	3. 70
贸易和运输相关基础设施的质量（1＝低，5＝高）	3. 20	3. 54	3. 61	3. 67	3. 75
清关程序的效率（1＝低，5＝高）	2. 99	3. 16	3. 25	3. 21	3. 32

续 表

指标名称	2007 年	2010 年	2012 年	2014 年	2016 年
进口周转时间，中值（天数）	3. 80	2. 56	4. 00	3. 00	5. 00
出口周转时间，中值（天数）	2. 60	2. 77	3. 00	2. 00	3. 00

资料来源：世界银行。

美国物流绩效指数 2016 年在世界范围内排第 10 位，前面 1 ~ 9 位的国家及地区依次为德国、卢森堡、瑞典、荷兰、新加坡、比利时、奥地利、英国、中国香港。美国物流绩效指数数据如表 2 – 2 所示。

表 2 – 2　　　　美国物流绩效指数数据

指标名称	2007 年	2010 年	2012 年	2014 年	2016 年
综合分数（1 = 低，5 = 高）	3. 84	3. 86	3. 93	3. 92	3. 99
追踪查询货物的能力（1 = 低，5 = 高）	4. 01	4. 17	4. 11	4. 14	4. 20
货物在预定或预期的时间内到达收货人的频率（1 = 低，5 = 高）	4. 11	4. 19	4. 21	4. 14	4. 25
物流服务的能力和质量（1 = 低，5 = 高）	3. 85	3. 92	3. 96	3. 97	4. 01
安排价格具有竞争力的货运的难易度（1 = 低，5 = 高）	3. 58	3. 21	3. 56	3. 45	3. 65
贸易和运输相关基础设施的质量（1 = 低，5 = 高）	4. 07	4. 15	4. 14	4. 18	4. 15
清关程序的效率（1 = 低，5 = 高）	3. 52	3. 68	3. 67	3. 73	3. 75
进口周转时间，中值（天数）	3. 90	4. 04	2. 00	2. 00	3. 00
出口周转时间，中值（天数）	3. 60	2. 82	2. 00	2. 00	3. 00

资料来源：世界银行。

通过对比分析中国与美国的 LPI 数据，我们可以找出中国与美国之间物流影响因素的差距，如表 2 – 3 所示。选择美国与中国进行 LPI 比较的原因是在物流环境较好、社会物流成本占 GDP 比重较低的国家中，美国的国土面积与中国的国土面积接近；中美社会物流成本核算方法的主要构成要素接近；美国物流管理水平、仓储水平世界领先，方便看到中国与物流先进国家间物流影响因素的差距；美国的物流数据相对完整、透明、充分，方便中国和美国之间的指标比较。

2.2　中美物流世界银行相关数据对比研究

我们从世界银行数据中筛选出了与物流通道相关性较强的8个指标，分别为货柜码头吞吐量（TEU：20英尺当量单位）；班轮运输相关指数；铁路总里程数（公里）；铁路运输货运量（百万吨·公里）；航空运输货运量（百万吨·公里）；航空运输－注册承运人全球出港量；港口基础设施的质量，世界经济论坛（World Economic Forum，WEF）（1＝十分欠发达，7＝十分发达高效）；海关程序负担，WEF（1＝效率极低，7＝效率极高）。

从表2－4可以看出，2007—2016年中国物流世界银行相关数据整体上向好的方向转变，其中航空运输货运量增速较快，铁路运输货运量在2011—2016年逐步下降。因此我们应继续大力发展航空货运基础设施建设，满足日益增长的航空货运需要。

如表2－5所示，2010—2016年美国物流世界银行相关数据中海关程序负担的质量均优于中国，2007—2015年美国货柜码头吞吐量整体上有所增加，2007—2016年美国铁路运输货运量、航空运输货运量受次贷危机影响整体上略有下降。

从表2－6可以看出，2007—2017年中国工业与制造业增加值在国民经济中占有重要的比重，因此无论水运、铁路、航空、公路货运周转量均占较大份额。中国物流业尚在快速发展中。

从表2－7可以看出，2007—2015年美国服务业增加值占GDP份额最大，美国物流业基础非常好，近年来美国的产业结构相对稳定。通过中美产业结构对比可以看出，中国现阶段货运周转量仍然处于较高水平，发展水路运输、铁路运输、公路运输、航空运输及管道运输五种运输方式的基础设施建设仍然必要。大力发展铁路基础设施建设也为公铁联运、水铁联运等多式联运创造更好的条件。

表 2 – 3　　中美 LPI 数据对比

国家	LPI 排名			LPI 评分			占最佳绩效国家（地区）的百分比（%）	清关程序的效率		贸易和运输相关基础设施的质量		安排价格具有竞争力的货运的难易度		物流服务的能力和质量		追踪查询货物的能力		货物在预定或预期的时间内到达收货人的频率	
	排名	下限	上限	评分	下限	上限		排名	评分	排名	评分	排名	评分	排名	评分	排名	评分	排名	评分
美国	10	12	10	3.99	3.94	4.04	92.8	16	3.75	8	4.15	19	3.65	8	4.01	5	4.20	11	4.25
中国	27	29	25	3.66	3.61	3.71	82.5	31	3.32	23	3.75	12	3.70	27	3.62	28	3.68	31	3.90

资料来源：世界银行。

表 2 – 4　　2007—2016 年中国物流世界银行相关数据

指标名称	2007 年	2008 年	2009 年	2010 年	2011 年	2012 年	2013 年	2014 年	2015 年	2016 年
货柜码头吞吐量（TEU：20 英尺当量单位）	103823024	115941970	108799933.7	139358200	152475501	163372100	175805101	186852801	194755501	199565501
班轮运输相关指数	127.85	137.38	132.47	143.57	152.06	156.19	157.51	165.05	167.13	167.48
铁路总里程数（公里）	63637	60809	65491	66239	66050	66298	66585	66989	67212	67092
铁路运输货运量（百万吨·公里）	2211246	2511804	2523917	2451185	2562635	2518310	2473477	2308669	1980061	1920285

续 表

指标名称	2007 年	2008 年	2009 年	2010 年	2011 年	2012 年	2013 年	2014 年	2015 年	2016 年
航空运输货运量（百万吨·公里）	11189.5	11386.1	11976.4	17193.9	16764.9	15568.8	16053.7	17822.6	19805.6	21304.6
航空运输－注册承运人全球出港量	1753550	1853088	2140124	2377789	2538667	2779741	3073450	3356756	3616026	3952098
港口基础设施的质量，WEF（1＝十分欠发达，7＝十分发达高效）	3.97994	4.32239	4.27819	4.32148	4.5	4.4	4.5	4.6	4.5488	4.5
海关程序负担，WEF（1＝效率极低，7＝效率极高）	4.21196	4.45609	4.56918	4.53436	4.4	4.2	4.2	4.3	4.21926	4.2

资料来源：世界银行。

表 2－5　　2007—2016 年美国物流世界银行相关数据

指标名称	2007 年	2008 年	2009 年	2010 年	2011 年	2012 年	2013 年	2014 年	2015 年	2016 年
货柜码头吞吐量（TEU：20 英尺当量单位）	40896742.00	44839390.00	42411770.05	37353574.90	42337513.17	42915461.03	44296098.26	44271878.14	46488522.51	—
班轮运输相关指数	85.8	83.68	82.45	82.43	83.8	81.63	91.7	92.8	95.09	96.74
铁路总里程数（公里）	227187	226706	227058	226205	228513	228218	228218	228218	228218	—
铁路运输货运量（百万吨·公里）	2839124	2820061	2788230	2431181	2468738	2524585	2524585	2541354	2702736	2547253
航空运输货运量（百万吨·公里）	39881.9	40617.7	39313.6	35097.7	39353.3	39621.9	39111.3	37113.6	38225.2	37219.2
航空运输－注册承运人全球出港量	9815504	9054478	9182363	10095197	10057768	9864360	9745498	9556324	9496469	9631764
港口基础设施的质量，WEF（1＝十分欠发达，7＝十分发达高效）	—	5.80782	5.86851	5.66658	5.53724	5.5	5.6	5.7	5.7	5.72791
海关程序负担，WEF（1＝效率极低，7＝效率极高）	—	4.30245	4.46948	4.58246	4.47982	4.3	4.5	4.8	4.8	4.88633

资料来源：世界银行。

表 2-6　2007—2017 年中国工业、制造业、农业、货物和服务进口增加值占 GDP 的百分比

指标名称	2007 年	2008 年	2009 年	2010 年	2011 年	2012 年	2013 年	2014 年	2015 年	2016 年	2017 年
工业增加值占 GDP 的百分比（%）	46.86	46.93	45.88	46.39	46.40	45.27	44.01	43.10	40.93	39.88	40.45
制造业增加值占 GDP 的百分比（%）	32.36	32.09	31.54	31.54	31.97	31.42	30.55	30.38	29.38	28.82	29.34
农业增加值占 GDP 的百分比（%）	10.2	10.25	9.78	9.53	9.43	9.42	9.30	9.06	8.83	8.56	7.92
货物和服务进口增加值占 GDP 的百分比（%）	26.71	24.93	20.14	22.62	24.10	22.70	22.06	21.38	18.10	17.38	18.05

资料来源：世界银行。

表 2-7　2007—2015 年美国工业、制造业、农业以及服务业增加值占 GDP 的百分比

指标名称	2007 年	2008 年	2009 年	2010 年	2011 年	2012 年	2013 年	2014 年	2015 年
工业增加值占 GDP 的百分比（%）	22.16	21.65	20.22	20.39	20.63	20.54	20.72	20.87	20.03
制造业增加值占 GDP 的百分比（%）	13.12	12.62	12.17	12.45	12.52	12.50	12.42	12.30	12.27
农业增加值占 GDP 的百分比（%）	1.09	1.15	1.06	1.17	1.37	1.24	1.43	1.25	1.05
服务业增加值占 GDP 的百分比（%）	76.76	77.20	78.73	78.44	78.00	78.21	77.85	77.88	78.92

资料来源：世界银行。

2.3 美国纽约－新泽西港

在全球化的背景下，世界不同地区开始了港口现代化进程，以增加总量并适应全球贸易的多样性。在一些国家，现代化进程不仅涉及大型船舶的技术升级和更大的集装箱运输，而且涉及旨在提高经济效率和促进国际贸易的体制改革。纽约－新泽西港（Port of New York and New Jersey）简称纽约港，是世界著名大港之一。私营部门越来越多地参与到传统战略活动中，因此需要新的治理模式。在港口方面，治理结构改变了利益相关者的行为模式。当公共部门和私营部门发现没有共同利益，出现冲突以及港口绩效（运营、财务、投资）受到影响时，治理过程中的问题更为显著。本节旨在了解港口公私互动活动中的特殊挑战、冲突和动态变化。

一般而言，公共利益包括经济增长、港口区域的本地发展、有效的港口运营以及投资和商品的吸引力，这些因素有助于缓解公共预算的压力。私营部门通常寻求资本回报，并以产生规模经济效益的方式更便宜、更快、更可靠地运输商品。如果私人实体越来越多地参与港口活动，则需要进行制度变革和港口改革，旨在防止私营部门和公共部门之间的巨大冲突。随着港口活动的扩大，私营部门越来越多地参与港口活动，利益攸关方之间复杂的相互作用可能导致港口冲突与合作，因此本书在公私互动的背景下重点关注港口冲突。

2.3.1 港口介绍

纽约－新泽西港是美国东海岸最大的港口，也是美国第三大港口。2018年纽约－新泽西港处理了超过700万个集装箱。集装箱码头包括纽瓦克港集装箱码头，马赫集装箱码头，APM（A. P. Moller－Maersk，马士基）码头，GCT（Global Container Terminals）纽约集装箱码头，GCT巴约讷集装箱码头和红钩集装箱码头。

1. 纽瓦克港集装箱码头

纽瓦克港集装箱码头位于新泽西州纽瓦克，并和纽约与新泽西港口事务管理局达成协议直至2050年。该码头占地约930英亩（1英亩≈4046.856平方米），每年可以处理约100万个集装箱，该码头未来有扩建计划，以增加土地面积及升级设备。

2. 马赫集装箱码头

在北美以及纽约－新泽西港的所有集装箱码头中，马赫集装箱码头是最受欢迎的码头之一，从单一的贸易通道运营商到大型的全球联盟几十年来一直在使用这个码头。

3. APM码头

APM码头位于新泽西州的纽瓦克，它能够安装多台超级巴拿马型起重机，因此该码头能够运行当今水中最大的船只。

4. GCT纽约集装箱码头

GCT纽约集装箱码头位于史坦顿岛，这个码头是纽约－新泽西港唯一一个占据冷藏仓库的码头，因此是专门的海关检查站。GCT纽约集装箱码头多次被授予最佳码头运营商的“双州卡车”奖。

5. GCT巴约讷集装箱码头

GCT巴约讷集装箱码头位于新泽西州的巴约讷大桥外。该码头位置优越，因为它是最近的港口入口。它拥有一个其他码头没有的重要优势，它是唯一一个能够处理通过巴拿马运河和苏伊士运河大型船只的码头。

6. 红钩集装箱码头

红钩集装箱码头在纽约和新泽西均有分布。位于纽约布鲁克林的集装箱码头占地约80英亩。位于新泽西的驳船码头占地约30英亩。红钩集装箱码头能够处理多种类型的货物，可替代码头操作员、装卸工人和驳船操作员。

随着巴拿马运河扩建，2020年，有约10%的东亚至美国的集装箱运量转移到东海岸港口。为了让纽约－新泽西港能够容纳这些巨型船，码头运营商疏通并加深水道至50英尺（1英尺≈0.305米）。以前，这些大型船只能进入GCT巴约讷集装箱码头，因为巴约讷大桥的垂直间隙为151英尺，这阻碍了超过9500 TEU的船只进入其下方。后来，巴约讷大桥的高度提升，这些大型船只被允许定期进入巴约讷大桥另一侧的三个码头。这些大型船舶不仅使航运公司受益，而且凭借规模经济效应，也使纽约－新泽西港受益，为整个周边经济创造了双赢的局面。实际上，这些较大的船舶比标准尺寸的船舶更省油，这是因为它们航行速度很慢。大型船舶的激增给港口带来了许多问题，这导致许多港口需要投入大量资金来处理这些大型船舶。

APM码头进行了一项7000万美元的投资计划，旨在增加伊丽莎白港的基础设施，使伊丽莎白港拥有能够处理14500～18000 TEU的大型船舶的基础设施。该码头的运力将从目前的150万TEU扩大到230万TEU，同时泊位扩展可同时容纳三艘超大型集装箱船舶停靠。该项目使纽约－新泽西港保持港口竞争性地位，并大幅增加其货物吞吐量。这些资金将用于改善港口基础设施，例如，配置更大的船到岸起重机将货物吊装到船上，每年疏浚以保持50英尺的深度，并增加集装箱空间以容纳增加的货物量。伊丽莎白港表示，计划将投资预算增加到2亿美元，其中包括购买四台新一代岸桥起重机，其高度足以应对世界上最大的集装箱船。

如上所述，增加每艘船的承运货物量将降低航运公司的总体成本，但是，它会对港口处理成本产生不利影响。当这些大型船舶到达港口时，需要几天时间来装载或卸载这些巨大船只的货物。此过程由装卸工人完成，他们通常被称为“岸上人员”。纽约－新泽西港为完善港口的连续作业过程，实施了码头工人的第二次增值补贴。第二次增值补贴使港口受益匪浅。首先，港口运营商减少码头工人每班次的休息时间，以保持更少的运营员工。其次，港口运营商减少其劳动力成本，因为他们不得不支付大部分码头工人的加班费。最后，通过减少每班次的时长，让新码头工人进入并提高工作效率。该计划对于保持客户满意度并在竞争激烈的市场中维持港口地位至关重要。

纽约－新泽西港通过实施新的TIPS（Traffic Information Planning System，码头信息门户系统）来增强其当前的运营。TIPS本质上是从6个集装箱码头获取数据，并通过互联网实时访问卡车司机，货主和其他服务提供商也可以通过互联网访问信息。之前托运人或卡车司机与多个码头开展业务时，将不得不在网站之间来回切换以查找全天所需的重要信息。现在TIPS将这些数据合并到互联网的单个数据库中，使托运人和卡车司机可以轻松访问，这种创新的设计有助于提升货物进出港口的便利性。

当试图建立高效的多式联运供应链时，有效管理信息至关重要。TIPS 提供有关可用集装箱、出口预订查询、船期表等信息，拥有这些类型的信息有助于缓解港口拥堵，因为卡车司机将不再需要到港口接收不可用的集装箱。如今，近 10% 的登机口交易导致驾驶员所驾驶的车辆被送往驾驶员协助窗口（也称麻烦故障窗口），或被集装箱码头完全拒之门外。导致这些司机前往麻烦故障窗口等待可用集装箱的情况包括滞留尚未支付的集装箱、海关正在检查集装箱或者港口尚未开始接受出口的某艘船的集装箱。总体而言，TIPS 减少了纽约－新泽西港每年收到的故障单的交易量。

最后，纽约－新泽西港当前面临的运营挑战，可被视为进行变革以实现增长和可持续性的机会。在处理东海岸的新型大型船舶时，港口必须不断改进基础设施，以提高效率。优先考虑改善与持续处理大型船舶的能力直接相关的薄弱环节，同时改善铁路基础设施、航道深度、预约系统和吃水限制，并改善货物分配效率及延长港口的使用寿命。

纽约与新泽西港口事务管理局完成了一个项目，加深港口水道至 50 英尺，使码头拥有越来越强的船舶处理能力。这种加深航道的行为对于航运公司来说非常重要。通过未来船舶订单和过去航运趋势的组合来预测航道深度。随着船舶容量的持续增长，纽约－新泽西港航道的深度和宽度也会增加。挖掘哈德逊河岩床的难度很高，导致项目完工延迟，并可能在挖掘至 55 英尺时导致疏浚计划中断。52 英尺的吃水深度相应需要接近 60 英尺的航道深度。如果东海岸最大的集装箱码头疏浚深度无法超过 55 英尺，那么港口就会有永久性的上限。

纽约－新泽西港集装箱总容量的 8.6% 由铁路运输，这相当于约 50 万个集装箱由铁路升降机完成，主要用于将货物从大都市区运到美国中西部、新英格兰和加拿大。港口重建计划的一部分包括增加码头和近码头铁路系统，通过轨道移动集装箱。弗吉尼亚港拥有码头和近码头铁路系统，与纽约－新泽西港竞争芝加哥等中西部市场。新的码头设施将使港口从弗吉尼亚港收回市场份额并提高港口运营效率。增加码头和近码头铁路系统使纽约－新泽西州的铁路港口达到港口总数的 2/3。巴约讷全球集装箱码头也正在建设一个近码头铁路系统运输设施，以便将来增加铁路及卡车转运。纽约－新泽西港未来成功的关键在于其拥有进入大都市区以外市场的能力。

码头的位置使纽约-新泽西港成为大都市港口的典范。大多数货物离开码头后，都需要从船到卡车的完美过渡。现在大型船只的集装箱不再是船只稳定到达和卡车被动接收的集装箱，在卡车到达的高峰和低谷，卡车司机必须使用有效的预约系统才能进入港口。卡车运输界有一些反对意见，但从长远来看，在问题解决之后，预约系统将使卡车司机和港口受益。

东海岸港口的航运线路必须在东海岸的多个地点停泊，以确保货物的有效分配。港口增加业务的唯一途径是从其他东海岸港口获取市场份额。因为升级的巴约讷码头，将拥有卡车司机的有效预约系统、不断改进的基础设施，以及码头铁路的增加，纽约-新泽西港在东海岸港口拥有最大的市场份额，并将继续蓬勃发展。疏浚还将允许越来越大的船只进入港口。纽约与新泽西港口事务管理局是根据宪法条款设立的双边机构，允许获得国会同意的州际协议。纽约-新泽西港是欧洲和加拿大进出口的完美航运起点和目的地，对美国经济的重要性是显而易见的。

2.3.2 港口研究综述

Woo 等（2012）指出港口研究的发展不能仅仅源于港口业发展引起的研究需求，应该伴随着适当方法和理论的发展。Notteboom 等（诺特布姆，2013）指出尽管海港非常适合进行比较研究，但世界各地的港口只有少数真实的比较研究。本研究的主题是对纽约新泽西主要港口的比较研究。在过去 20～30 年，每个国家的港口都经历了某种港口权力转移过程，一些国家为了有效支持港口的扩张而进行了制度变革，还有很多国家陷入了利益集团政治影响的斗争中。当港口业绩（运营、财务、投资）之间存在进一步冲突时，对于积极参与港口管理的人来说，这可能会激发他们寻找其他解决方案。

进入 Science Direct（科学指引）数据库，使用关键词“New York New Jersey”（纽约新泽西）和“Port”（港口）识别 15 篇论文。在 Web of Science（科学网）中，有 101 篇关于“纽约-新泽西港”的论文。当在社会科学研究领域进行搜索时，则缩小至 29 项学术研究。考虑到每个关键词的匹配数量，将研究的范围缩小到与纽约－新泽西港相比在不同制度环境中具有不同制度背景的港口。

在选择纽约－新泽西港的港口后，搜索相关数据库，使用的主要数据库为Science Direct 和 Web of Science 中排名最高的交通期刊。将每个和港口相关的论文按讨论的主题分类。纽约－新泽西港港口评估的学术研究确定的类别如下：时间道路收费，卡车交通/频率和公路拥堵（卡车/汽车/公路）；应急响应和货物安全（安全和保障）；市场可及性和物流绩效（物流/铁路）；贸易量和内陆港口（集装箱贸易）；组织评估和治理（机构组织）；资源规划（环境问题）；城市规划和历史。卡车交通/频率和公路拥堵（卡车/汽车/公路）占比最高，如表2－8所示，其中6篇论文讨论了利益相关者之间的主要冲突为过度拥挤。

表2－8　　　　纽约－新泽西港的学术论文搜索结果

题目	Science Direct		Web of Science	
	论文数量（篇）	占比（%）	论文数量（篇）	占比（%）
卡车/汽车/公路	5	62.5	6	35.3
安全和保障	1	12.5	3	17.6
物流/铁路	1	12.5	2	11.8
集装箱贸易	1	12.5	1	5.9
城市规划	0	0.0	1	5.9
环境问题	0	0.0	1	5.9
机构组织	0	0.0	1	5.9
疏浚物（Dredged Material）	0	0.0	1	5.9
历史	0	0.0	1	5.9
全部	8	100.0	17	100.0

接着使用专门的港口业务媒体来查询与港口改革、利益冲突和港口绩效问题相关的资料。审查专业媒体并将其与学术文献的焦点进行比较来考量学术文献是否存在滞后。查看商业期刊网站（www.joc.com）从2014年开始与纽约－新泽西港相关的文章，确定了进一步的搜索关键词：港口问题、港口

管理局、港口治理、港口拥堵、港口罢工、港口改革、公私合营、港口利益相关者、港口冲突和伙伴关系，表 2 – 9 总结了搜索结果。

表 2 – 9　　纽约 – 新泽西港的主要媒体搜索类别

新闻主题	文章数量（篇）	总份额（%）
港口拥堵	52	38
公私合营	10	7
港口利益相关者	9	7
港口罢工	6	4
其他	60	44
全部	137	100

2.3.3　港口发展影响因素及港口发展战略

2017 年初，美国全球集装箱码头要求所有前往码头的卡车司机清晨进入码头时必须预约。卡车拥堵现象困扰着许多繁忙的港口，随着货物量的增加，大型船只在美国港口停靠。最大的船只需要数千辆卡车才能将集装箱运到铁路站点和仓库。每天早上码头大门和码头附近的社区都会发生可怕的交通拥堵，导致运营效率不高，成本也因此提高。港口的其他变化，包括遥控起重机和港口自动化等，是为了简化操作和提高效率。

纽约市区是一个巨大的货物运输市场，作为空运和海运跨模式运输的进入点，能使交通运输工具良好进出纽约和新泽西地区成为一项重要的经济活动。近年来运输和交付货物提供的岗位约占本地总就业增长的 8%，纽约市的每 13 个工作岗位中就有一个是货运业提供的。在纽约，公路货运是将货物运到该地区的主要方式，纽约市区 90% 以上的货运都是用卡车进行的。限制卡车以外的其他运输方式以及更大货运量的主要因素是基础设施不足，如桥梁和地下通道的重量限制、间隙限制、转弯半径的限制，以及狭窄的行车道。主要区域高速公路的拥堵、设施的使用、码头的拥堵和停车位不足是另外的限制因素。还有许多其他因素会导致高成本，如交货延迟、标识不足、与铁路等级交叉，以及事故处理管理不足。

除了上述因素，道路收费也对货运变动起到重要作用，该地区的道路收费很高。虽然大多数关于道路收费的文献都集中在客运领域，但道路收费肯定会影响货运和港口的竞争力。虽然纽约－新泽西港服务于美国19个州和加拿大，但大量货物距离港口设施不到50英里，根据港口设施的位置，纽约市区的收费可能会超过卡车进入港口的总费用的50%。

近年来，纽约市的许多桥梁和隧道都存在功能过时和负担过重的问题，机场的运输效率也很低。对一个数百万人随时随地都依赖这种基础设施的城市来说，需要进行重大升级。日常运营问题中有些是由于冬季风暴造成的拥堵，而另一些则是由于移动集装箱造成桥梁和隧道负担过重。由于公共港口当局与私人工会、码头运营商和各利益攸关方之间的冲突，导致错误传达信息和错位的激励措施，加剧了运营上的问题，并最终导致罢工和终止运营。

研究表明，重点不在于利益相关者之间的冲突，而在于效率问题，研究侧重为问题提供解决方案，如高速公路、收费公路的定价机制和适当的定价激励措施可能改变卡车司机和道路使用者白天的交通量。资本投资为高速公路和水运基础设施的改善，提供了港口长期发展所需的资金。公共监督委员会不仅提供与私人利益和公共利益相关的渠道，而且加强了在港区经营需要社会许可的概念。当地社区和利益相关者也可以寻找有效的方法来降低社会成本，并使公共及私营部门实现互利的解决方案。

纽约市区域通行费会对运输成本产生影响。每个港口排名前10的往返目的地吞吐量，占每个港口总吞吐量的47%左右。根据这一分析，纽约地区码头平均往返里程比全美码头平均往返里程长0.84英里。纽约地区码头的平均往返时间约为21.0分钟，比全美码头平均往返时间长7.7%。这些微小的差异表明，纽约商品交易所在当地货运市场上的优化程度稍差。然而，根据公布的出行费率计算，纽约地区码头平均往返成本高达380.96美元，比全美码头平均往返成本高45.2%。成本是差异的重要组成部分。纽约地区码头与全美码头指标对比如表2－10所示。

表 2-10　　纽约地区码头与全美码头指标对比

	平均吞吐量（TEU）	排名前 10 码头吞吐量占总吞吐量的百分比（%）	平均往返里程（英里）	平均往返时间（分钟）	平均往返成本（美元）
纽约地区码头	1479	46.8	12.54	21.0	380.96
全美码头	1671	46.7	11.70	19.5	262.38
差异	—	0.1	0.84	1.50	118.58
差异百分比（%）	—	0.2	7.2	7.7	45.2

进一步分析货运业务的总成本，可将其理解为货运和仓储的总成本。对于在该地区营运的货运公司而言，港口设施的位置可能对整体出行成本产生重大影响。纽约-新泽西港位于一个经济规模较大的地区，对该地区具有强大影响力。随着近年来技术的发展与更新，交通需求不断增长，该地区交通系统难以跟上。纽约与新泽西港口事务管理局制定了该地区的港口五级计划以改善运输问题。

港口五级计划的第一次交通战略致力于为出口经济中的区域交通提供世界一流的资源服务。世界各地的公司出口产生的收入与经济扩张的程度直接相关，从而证明服务出口企业非常重要。该战略包括对该地区的航站楼、肯尼迪国际机场、纽瓦克和拉瓜迪亚进行大修，以及提升设施的现代化水平和增加可能的新机场。第一轮战略的重点是为出口经济提供世界级的交通服务，港口希望改善该地区的基础设施，港口本身也会因此而改善。

港口五级计划的第二次交通战略侧重于协调投资和选择更好的土地使用模式。关于港口管理，土地使用至关重要，因其代表所获得的空间的程度。这不只是空间问题，更重要的是使土地使用更有效率。值得一提的是，纽约-新泽西港的土地使用率并不高。该地区正式项目包括长岛铁路东侧通道项目、新泽西运输公司进入该地区的核心项目以及第二大道地铁。曼哈顿市中心将成为一个繁荣的中心，周围环绕最先进的交通系统、住宅区和具有文化感的零售中心。随着该地区的复兴，周边地区也将受益。这些项目价值数十亿美元，将有利于一些欠发达的新兴地区，包括牙买加市中心和布鲁克林，以及纽瓦克自由国际机场附近的区域。此次战略的另一个方面是当地企业鼓励工人利用该地区的资产，他们可能与港口计划协调执行政策的其他方面，比如与城市停车价格的上涨相关。第二轮战略涉及适当的投资和有效的土地使用。作为世界上最大的综合体，人们可能认为纽约和新泽西州的土地使用效率非常高，然而并非如此。在土地资源稀缺的大都市，资源的利用很重要。

港口五级计划的第三次交通战略主要包括该地区持续拥堵的问题，这是一个会带来巨大影响的问题。由于时间延迟会导致运输成本上升，且拥堵在世界范围内都是一个大问题，港口正在考虑货运的转变，特别是将货运时间转移到该地区出行的非高峰期。港口还希望在高峰时段为车辆制定限令，限制该地区卡车驾驶的里程，这将直接缓解拥堵。计划还希望扩大巴约讷大桥下方的区域，允许更大的船只通过。

港口五级计划的第四次交通战略认为安全是最重要的问题，即有多少人会到该地区，以及通过该地区的货运量。安全可靠是至关重要的，更新陈旧设施并维护较新的设施是关键，港口计划变得更有效率和更环保。

港口五级计划的第五次交通战略的重点是"无缝区域出行"的承诺。

从冲突到合作，纽约-新泽西港体现了"合则两利，分则两害"的商业规则。虽然该地区的发展将不可避免地存在各种矛盾，但该地区的合作可以为纽约和新泽西的发展提供更大的空间，有效地实现每一方都能从中受益的互利解决方案。土地和基础设施的所有权及开发权属于港务局，他们有权向具有专业技能的私营公司租赁设施。这将确保自身区域设施的所有权和国家对土地、海岸等重要资源的有效管控，同时也能充分发挥民营企业的优势，促进开展高效的港口作业。即使当前业务能力有所增强，纽约-新泽西港仍然面临着一些挑战，如货运成本高昂，以及如何处理东海岸的新型大型船舶、如何改善交通拥堵状况等。

2.4 东京交通基础设施

东京都位于日本关东平原，面向东京湾，是由 23 个特别区、26 个市、5 个町和 8 个村构成的行政区，是集政治、经济、金融、文化信息于一体的多功能中心的世界级大都市。

东京都面积2193.96平方千米，其2018年人口为13784212人。以东京市区为中心，半径80千米，东京都与其他县（埼玉县、千叶县、神奈川县）融为一体，形成东京都市圈（姜旭，2018）。

由于日本汽车工业的发展和高速公路网的修建，日本的运输方式逐步由铁路运输向卡车运输转变，现在支撑日本物流的为卡车运输业。东京都市圈物流业的卡车运量占比已经超过80%，都市圈内部的卡车运量占比高达94%以上，都市圈内部与都市圈外部船运和铁路运输的物流总量占比不超过30%。日本每一版《综合物流施策大纲》的计划中，均提出了需要建立国际水准的物流服务、降低物流费用、改善和提高物流效率、减少物流业对环境的负面影响的目标（姜旭，2018）。

东京都市圈内的物流主要通过卡车运输完成，因此东京都市圈环状线的扩容建设为改善东京都市圈交通硬件环境的首要战略目标。通过整修大都市圈的环状公路体系，减少通过都市圈内部的货运量，达到缓解交通拥挤的目的。

要充分有效地开发利用东京湾。东京湾是东京都市圈的物流、城市生活等各种活动的重要空间，是都市圈内物流量最高的区域（姜旭，2018）。东京湾区域的再开发，对强化东京都市圈的国际竞争力、形成以东京湾为中心的国际物流设施节点、提高都市圈的功能、实现城市物流系统的战略规划具有重要意义。

2.4.1 东京物流规划

东京都市圈规划试图把东京中心区部分功能分解出去，具体的分解方案有所区别。第一次都市圈规划建设的核心内容为建立绿化带以控制城市建设无序蔓延，但由于日本土地私有制，方案的实施遭到反对，绿环构想没有实施成功。第四次都市圈规划建设的重点为发展新的产业核心区，形成副都市中心（姜旭，2018）。

在日本首都圈规划构想（Tokyo Megalopolis Concept）中，仍然强化东京都的中心地位，加强其与周边的联系，主要内容包含以下方面。

日本首都圈规划构想的范围包括承担首都功能的 8 个都县，即东京都、神奈川县、千叶县、埼玉县、群马县、枥木县、茨城县、山梨县的行政管辖范围。

为实现21 世纪规划构想、落实环状城市轴和实现大区域协作战略，日本政府采取的具体措施包括通过交通基础设施的建设，构建环状快速通道；都县协作强化空港功能；强化东京湾的统一协调利用；构筑高效的大区域物流系统；推进大区域防灾协作；促进首都国家中枢职能的优化；制定改善东京湾水质的统一政策；制定治理大气污染的协作对策；促进固体废物的协作处理；推进都市圈内信息共享；创建 21 世纪儿童健康成长的环境；实施大区域共同推行的产业政策；推进大区域行政体制改革（姜旭，2018）。

2.4.2 东京交通基础设施

1. 东京公路货运

东京首都高速公路总长超过 230 千米，其承担的公里数约为东京高速公路总量的26%。其放射线构成 6 个主要的对外联络方向，承担最大交通量的是东名高速公路。东名高速公路靠近东京，其断面日流量超过 13 万辆。东北高速公路在东京附近的断面日流量约为 9 万辆。以 7 号环状线分区，每天有超过 33 万辆的车辆流入城市中心区域，高速公路在货运中发挥着重要的作用。

东京都市圈道路网远景规划的“3 环 9 放射”结构，由 3 条环状总长 320 千米的高速公路、10 条国道、数百条普通公路，以及 1222 座总长 72 千米的桥梁、112 个总长 37 千米的隧道、735 座总长 42 千米的步行天桥构成，总里程约 2.4 万千米。另外，位于 3 条环状道路最内侧的首都高速中央环线距城市中心 8 千米，为总长 47 千米的公用车辆专用公路。中央环线西侧区间的首都高速 5 号池袋线至湾岸线，全线多数是隧道结构。5 号池袋线至 4 号新宿线之间的 6.7 千米高速公路、4 号新宿线至 3 号涩谷线之间的 4.3 千米高速公路、3 号涩谷线至湾岸线的 9.4 千米高速公路形成中央环状品川线（姜旭，2018）。

2. **东京铁路货运**

东京铁路运输主要为JR线，近年来日本铁路货运公司的东京都铁路货运输入及输出总量有所增加。

3. **东京航空货运**

东京的机场包括成田机场和羽田机场，成田机场是国际航班降落的主要机场，羽田机场是日本国内航班降落的主要机场。成田机场2017年成为日本第二大客运机场，第一大货运机场。2018年东京成田机场国际货运量如表2-11所示，2014—2018年东京成田机场国际货运量如下图所示。

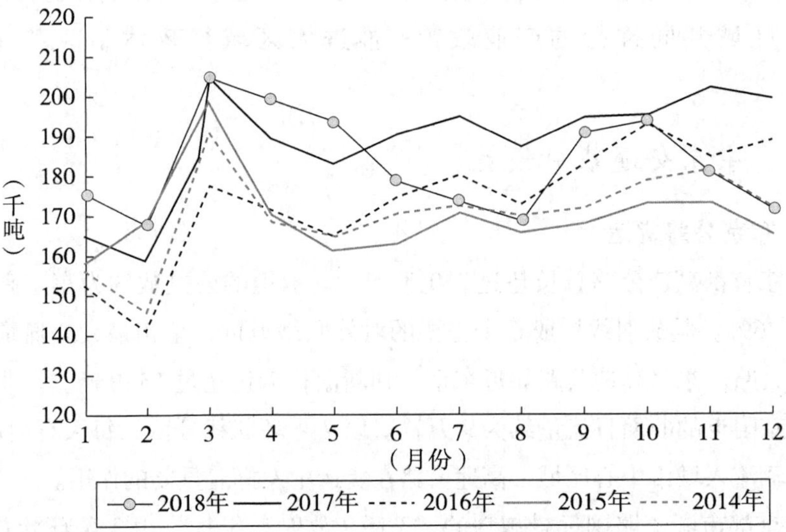

2014—2018年东京成田机场国际货运量

4. **东京港口及口岸**

东京都市圈是日本进出口最重要的口岸，港口和机场是主要的物流集散地，东京都市圈内有4港：东京港、横滨港、千叶港和川崎港（日本物流建设事业部，2012）。

5. **仓储设施**

东京拥有4大物流基地，分别为平和岛物流基地、板桥物流基地、足立物流基地、葛西物流基地。

表 2－11　　2018 年东京成田机场国际货运量　　单位：吨

分类	1 月	2 月	3 月	4 月	5 月	6 月	7 月	8 月	9 月	10 月	11 月	12 月	合计
全部国际货物	175116	167480	204546	199164	193968	178607	173635	168490	190981	193691	180806	171508	2197992
装货	84474	83338	100738	99522	98608	92752	86231	83335	97870	95113	88796	83859	1094636
出口	54145	57511	68275	64941	63181	65519	59845	58012	74858	71142	62958	59795	760182
转运	30329	25827	32463	34581	35427	27233	26386	25343	23012	23971	25838	24064	334474
卸货	90642	84142	103808	99642	95360	85855	87404	85155	93111	98578	92010	87649	1103356
进口	63606	60427	73589	57265	63142	60858	63814	62182	72370	76703	68853	66007	798816
转运	27036	23715	30219	32377	32218	24997	23590	22973	20741	21875	23157	21642	304772

资料来源：东京成田机场官网。

3 京津冀地区物流通道数据比较

3.1 物流需求分析

京津冀地区是全国物流网络最密集的地区之一，但有些物流基础设施的作用没有发挥出来。在庞大的物流交通网络中，如何提高京津冀三地众多物流园区通道网络的运输效率，是需要解决的问题。在京津冀协同发展背景下，物流通道一体化建设是京津冀地区物流园区互通互联实施的重要保障。由国家发展和改革委员会（以下简称“国家发展改革委”）和交通运输部联合制定的《京津冀协同发展交通一体化规划》中，京津冀地区将形成四个层次一体化的交通网，这将为京津冀地区物流通道建设提供实施基础，使京津冀交通一体化提升到新层次。京台高速北京段已建成通车，京津冀三地交通行政执法、联合治超、海事统一监管等机制初步形成。

北京、天津及河北拥有众多的物流园区，这些物流园区之间通过互联互通，形成以京津冀地区主要城市为节点、物流园区产业集聚效果强的京津冀一体化发展都市圈。使得京津冀地区形成北京以空港、高新技术为特色，天津以港口为特色，河北以制造业为特色的物流产业群。物流园区通过集聚效应形成创新型群体，从而带动地区经济协同发展。河北部分地区的物流业还较为落后，物流企业小、散、弱的情况较为明显，所以我们需要结合宏观经济发展和产业结构转型的现状，通过与京津冀地区发达城市群物流业的优势相结合，达到促进地区合作、推进经济协同发展的目标。

3.2　京津冀运输方式里程

京津冀铁路里程，如表3-1所示。我们可以看到，三个地区的铁路里程整体呈上升趋势，这在一定程度上可以缓解京津冀地区铁路运力不足的问题，为公路转铁路多式联运流程的优化设计提供条件。

表3-1　**京津冀铁路里程**　单位：万公里

年份	铁路里程		
	北京	天津	河北
2011	0.12	0.09	0.52
2012	0.13	0.09	0.56
2013	0.13	0.10	0.63
2014	0.13	0.10	0.63
2015	0.13	0.10	0.70
2016	0.13	0.11	0.70

资料来源：中国国家统计局。

京津冀公路里程，如表3-2所示。我们可以看到，三个地区的公路里程整体呈上升趋势，京津冀地区公路资源增加为公路转铁路多式联运流程的优化设计提供条件，同时方便解决陆空、公海等多式联运“最后一公里”问题。

表3-2　**京津冀公路里程**　单位：万公里

年份	公路里程		
	北京	天津	河北
2011	2.13	1.52	15.70
2012	2.15	1.54	16.30
2013	2.17	1.57	17.45
2014	2.18	1.61	17.92
2015	2.19	1.66	18.46
2016	2.20	1.68	18.84

资料来源：中国国家统计局。

物流支出对大公司来说属于主要持续性开销，削减这些开销对管理层来说有较大的压力。我国现阶段，供应链中还存在许多低效率的问题，如货运卡车仍会在不需要选择公路运输时出现、能够海运的货物却采用航空运输、并不紧急的货物加急运输、库存准确性没有达到100%，从而造成商品运输延迟。需要客户、承运人和第三方物流公司通过合作解决成本、服务的问题。物流行业除提供物流运输外，还须向客户提供有创造价值的想法，大型的物流企业服务范围非常广泛，可有效帮助客户解决低效率问题，控制供应链成本，提高服务增值水平。

3.3 产业结构比较

依据学者之前的研究成果，我们可以认为影响地区社会物流成本与 GDP 比率的重要因素有地区产业结构、地区货运周转量等指标。从表 3 - 3 可以看出北京、天津和河北地区 2005—2016 年各产业的增加值。

表 3 - 4 是 2005—2016 年京津冀地区一产、二产、三产增加值占总增加值的比重。根据中国物流学会发布的统计数据，因为一产单位 GDP 的社会物流需求系数近似为 0.056，二产单位 GDP 的社会物流需求系数近似为 3.046，三产单位 GDP 的社会物流需求系数近似为 0.256，所以京津冀地区的工业对社会物流需求总额影响最大。

从表 3 - 4 及表 3 - 5 可以看出，北京地区的产业结构与发达国家的产业结构十分接近，因此可以推算出北京地区社会物流成本与 GDP 的比率较低。天津地区的产业结构逐渐接近发达国家，天津地区社会物流成本与 GDP 的比率相对还处在高位，但是该比率在下降。河北地区的经济近年来发展快速，但其产业结构仍为发展中国家的产业结构模式。河北地区社会物流成本与 GDP 的比率在接下来较长一段时间会持续处在高位。

表 3-3　**2005—2016 年京津冀地区一产、二产、三产增加值**　单位：亿元

年份	增加值											
	北京				天津				河北			
	总值	一产	二产	三产	总值	一产	二产	三产	总值	一产	二产	三产
2005	6968	88	2026	4854	3905	112	2135	1658	10011	1400	5271	3340
2006	8116	88	2191	5837	4462	103	2457	1902	11466	1461	6110	3895
2007	9846	101	2509	7236	5252	110	2892	2250	13605	1804	7201	4600
2008	11113	112	2626	8375	6717	122	3709	2886	16011	2034	8701	5276
2009	12152	118	2855	9179	7520	128	3987	3405	17234	2207	8959	6068
2010	14112	124	3388	10600	9223	145	4840	4238	20392	2562	10707	7123
2011	16251	136	3752	12363	11306	159	5928	5219	24514	2905	13126	8483
2012	17878	150	4059	13669	12892	171	6663	6058	26573	3186	14003	9384
2013	19799	159	4292	15348	14440	186	7275	6979	28441	3381	14781	10279
2014	21329	158	4544	16627	15725	199	7731	7795	29419	3447	15012	10960
2015	23015	140	4543	18332	16538	209	7704	8625	29806	3439	14387	11980
2016	25669	130	4944	20595	17885	220	7571	10094	32071	3493	15257	13321

资料来源：中国国家统计局（表中数据为 2018 年查找，最新数据请以官网为准）。

表 3-4　　2005—2016 年京津冀地区一产、二产、三产增加值占总增加值的比重　　单位：%

年份	京津冀地区产业增加值占总增加值的比重								
	北京			天津			河北		
	一产	二产	三产	一产	二产	三产	一产	二产	三产
2005	1.26	29.08	69.66	2.87	54.67	42.46	13.98	52.65	33.36
2006	1.08	27.00	71.92	2.31	55.06	42.63	12.74	53.29	33.97
2007	1.03	25.48	73.49	2.09	55.06	42.84	13.26	52.93	33.81
2008	1.01	23.63	75.36	1.82	55.22	42.97	12.70	54.34	32.95
2009	0.97	23.49	75.53	1.70	53.02	45.28	12.81	51.98	35.21
2010	0.88	24.01	75.11	1.57	52.48	45.95	12.56	52.51	34.93
2011	0.84	23.09	76.08	1.41	52.43	46.16	11.85	53.54	34.60
2012	0.84	22.70	76.46	1.33	51.68	46.99	11.99	52.70	35.31
2013	0.80	21.68	77.52	1.29	50.38	48.33	11.89	51.97	36.14
2014	0.74	21.30	77.95	1.27	49.16	49.57	11.72	51.03	37.25
2015	0.61	19.74	79.65	1.26	46.58	52.15	11.54	48.27	40.19
2016	0.51	19.26	80.23	1.23	42.33	56.44	10.89	47.57	41.54

资料来源：中国国家统计局（表中数据为 2018 年查找，最新数据请以官网为准）。

表 3-5　2009—2014 年世界各国农业、工业、服务业增加值占 GDP 百分比的平均值

单位：%

国家	增加值占 GDP 百分比的平均值		
	农业	工业	服务业
意大利	2.11	23.93	73.96
俄罗斯	4.16	35.78	60.06
巴西	5.48	26.69	67.83
中国	10.11	45.73	44.12
南非国家	2.58	29.36	68.07
印度	17.91	26.62	55.47
加拿大	1.55	27.03	71.43
法国	1.73	19.85	78.42
德国	0.81	29.90	69.29
日本	1.18	26.33	72.49
英国	0.64	20.64	78.72
美国	1.22	20.59	78.19

资料来源：世界银行。

从表 3-6 可以看出，2005—2016 年京津冀地区货运周转量的变化趋势，北京地区的货运周转量整体上稳步增加，相比北京地区的 GDP 来说，北京地区的货运周转量增速较慢。社会物流成本受地区货运周转量影响，因此可以反映出北京地区的社会物流成本与北京地区 GDP 的比率，是呈缓慢下降的趋势的。这与北京地区的社会物流环境较好、产业构成合理是分不开的。天津地区物流货运周转量受港口水运周转量影响较大，因此 2015 年和 2016 年天津地区的货运周转量较低。表 3-4 中，河北二产增加值在总增加值中所占比重较高，所以河北的货运周转量、河北地区社会物流成本与河北地区 GDP 的比率相比北京、天津地区较高，这与河北的产业构成是分不开的。我们不应以社会物流成本与地区 GDP 的比率为衡量物流发展水平的唯一因素，地区物流业的发展是经济发展的有利支撑。京津冀协同发展物流一体化建设能带来地区物流业整合协作，使得物流业与地区经济互相促进，对区域整体经济发展起到促进作用。

表 3-6　　2005—2016 年京津冀地区货运周转量　　单位：亿吨公里

年份	货运周转量		
	北京	天津	河北
2005	582.10	12593.00	5068.10
2006	653.20	12240.80	5556.60
2007	724.80	15289.00	6006.40
2008	758.89	2703.44	5925.48
2009	731.59	9606.61	6405.15
2010	876.93	10065.05	8071.11
2011	999.60	10337.29	9630.43
2012	1001.13	7844.06	10604.96
2013	1051.14	3097.39	11674.06
2014	1036.71	3602.38	12684.47
2015	901.41	2519.22	12007.28
2016	825.43	2302.32	12332.68

资料来源：中国国家统计局。

3.4 物流通道数据比较

货运周转量是反映一个地区物流总量大小的重要指标，表 3-7 显示了 2011—2016 年京津冀地区货运周转量。根据之前学者的研究，我们认为农业和服务业单位 GDP 所需的物流量较低，而工业单位 GDP 所需的物流量较高，几乎是农业和服务业的 5~7 倍。

从表 3-7 来看，北京地区的货运周转量在 2011—2016 年整体呈下降的趋势，这与北京地区低端产业外迁有关。河北地区的货运周转量 2011—2016 年整体呈上升趋势。天津地区的货运周转量 2011—2016 年进一步下降，这有利于缓解京津冀地区总的物流压力，结合表 3-10 的内容，我们可以得出天津地区货运周转量下降主要是天津地区的水运货运周转量下降这一因素导致的。

表3-7　2011—2016年京津冀地区货运周转量　单位：亿吨公里

年份	货运周转量		
	北京	天津	河北
2011	999.60	10337.29	9630.43
2012	1001.13	7844.06	10604.96
2013	1051.14	3097.39	11674.06
2014	1036.71	3602.38	12684.47
2015	901.41	2519.22	12007.28
2016	825.43	2302.32	12332.68

资料来源：中国国家统计局。

表3-8是2011—2016年京津冀地区公路货运周转量，我们可以看出京津冀地区从2011年以来公路货运周转量整体呈上升趋势，偶有下降。

表3-8　2011—2016年京津冀地区公路货运周转量　单位：亿吨公里

年份	公路货运周转量		
	北京	天津	河北
2011	132.33	266.70	5219.28
2012	139.77	318.18	6133.47
2013	156.19	313.70	6577.89
2014	165.19	349.02	7019.56
2015	156.36	345.20	6821.48
2016	161.32	372.49	7294.59

资料来源：中国国家统计局。

表3-9是2011—2016年京津冀地区铁路货运周转量，我们可以看出河北地区2014—2015年铁路货运周转量有所下降。北京和天津地区2011—2016年铁路货运周转量整体呈下降趋势。

表3-9　　2011—2016年京津冀地区铁路货运周转量　　单位：亿吨公里

年份	铁路货运周转量		
	北京	天津	河北
2011	867.27	519.97	3916.11
2012	861.35	513.19	3961.88
2013	894.95	515.86	4233.63
2014	871.52	519.35	4183.14
2015	745.06	444.81	3633.01
2016	664.12	399.78	3704.47

资料来源：中国国家统计局。

表3-10是2011—2016年京津冀地区水运货运周转量，我们可以看出河北地区2011—2015年水运货运周转量呈上升趋势，天津地区2011—2016年水运货运周转量整体上显著下降。在全国范围内，我们需持续推进公转水物流方式的改进，继续推进河北、天津港口物流枢纽运营水平的有效提高。

表3-10　　2011—2016年京津冀地区水运货运周转量　　单位：亿吨公里

年份	水运货运周转量		
	北京	天津	河北
2011	0	9550.62	495.04
2012	0	7012.69	509.60
2013	0	2267.84	862.54
2014	0	2734.01	1481.77
2015	0	1729.21	1552.79
2016	0	1530.05	1333.62

通过对京津冀地区多个物流园区及制造型企业的调研，我们发现多个制造型企业内部的物流运输平均水平优于企业间物流运输水平，通过产业发展可以带动物流产业更新换代。基于供应链理论、物流园区发展的集聚效应和京津冀协同发展的背景，物流园区互联互通显得十分必要。同时，物流园区互联互通能够使京津冀地区产业协同发展，使社会综合物流成本与地区GDP的比率在长期发展中平稳降低。

北京为我国最发达地区之一，天津拥有北方重要的港口，河北为钢铁大省，因此这三个地区对社会物流需求都非常大，但是京津冀地区物流业的发展侧重点有所不同。我国现阶段以公路运输为主，以多式联运，特别是大型货物公转铁、公转水为重点发展方式。在京津冀地区，公路运输可以构成独立的运输系统，又能与航空、铁路、港口构成多式联运，是衔接多种运输方式的关键环节。我们希望在多种运输方式下，形成综合成本最低的联合运输。

4 智慧绿色物流数据及案例研究

4.1 京津冀交通现状

绿色物流对于提高人民生活质量和促进经济发展意义重大。绿色物流作为经济可持续发展的重要组成部分，强调了对环境的全方位关注，并考虑了全局发展和未来发展的整体利益。绿色物流的发展需要物流行业、各级政府部门的积极推进，从理论层次上升到战略层面上来。根据国际交通论坛（International Transport Forum，ITF）估计，货运物流温室气体排放量占运输排放量的42%，占总排放量的7%，从长期来看，2050年货运物流温室气体排放量占运输排放量的百分比预计会增长至60%。由于发展中国家城市化进程日益加快，快速增加的城市货源势必会对经济（城市竞争力）、环境（空气污染与噪声污染）和社会（生活质量、健康和经济可行性）产生显著影响。

对我国来说，新能源的开发利用不仅可以有力地推动我国节能减排和环境保护事业的发展，同时在经济危机背景下，也可以大幅降低消费成本和企业的生产经营成本，对降低经济危机对我国工业生产和社会生活的冲击具有极为显著的意义。能源有价、文明无价，新能源产业是经济发展的主力军，是未来经济竞争的核心因素，其经济意义不可小觑。

从表4-1可以看出，2011—2016年京津冀地区民用汽车拥有量在总体趋势上是增加的，河北地区民用汽车的拥有量增加趋势明显。对于京津冀地区民用车辆及绿色物流的管理，可考虑统一协同实施。

表 4-1 2011—2016 年京津冀地区民用汽车拥有量 单位：万辆

年份	民用汽车拥有量		
	北京	天津	河北
2011	470.53	190.78	607.19
2012	493.56	221.12	728.51
2013	517.11	261.58	816.29
2014	530.83	274.14	930.08
2015	533.81	273.62	1075.03
2016	547.44	273.69	1245.89

资料来源：中国国家统计局。

从表 4-2 可以看出，2011—2016 年京津冀地区民用载货汽车拥有量增加量并不明显。因此，北京地区发展绿色物流可考虑优先发展适用于规模以上企业客货运和民用客运方向的新能源机动车。

表 4-2 2011—2016 年京津冀地区民用载货汽车拥有量 单位：万辆

年份	民用载货汽车拥有量		
	北京	天津	河北
2011	21.49	21.34	137.15
2012	23.70	22.19	153.42
2013	25.71	24.34	150.01
2014	28.91	27.09	143.54
2015	30.59	27.63	146.64
2016	33.01	29.47	163.32

资料来源：中国国家统计局。

由表 4-3 可知，2011—2016 年京津冀地区出入境货物检疫批次大体呈减少趋势。

表 4-3 2011—2016 年京津冀地区出入境货物检疫批次 单位：批次

年份	出入境货物检疫批次		
	北京	天津	河北
2011	233136	595703	170411
2012	240605	617952	190847

续 表

年份	出入境货物检疫批次		
	北京	天津	河北
2013	232121	539352	154912
2014	200107	369193	103995
2015	189627	288518	105662
2016	185295	302871	120547

资料来源：中国国家统计局。

4.2 京津冀地区二氧化硫及氮氧化物排放量

从表 4 –4 可以看出，河北地区规模以上企业二氧化硫排放量远高于天津地区和北京地区，北京地区规模以上企业二氧化硫排放量最低。近年来，河北地区规模以上企业二氧化硫排放量也有所下降。京津冀地区的雾霾情况有待进一步改善，我们认为绿色物流不仅要控制京津冀地区规模以上企业的废气排放，同时要重点关注规模以下企业的废气排放情况。

表 4 –4　　京津冀地区规模以上企业二氧化硫排放量　　单位：吨

年份	规模以上企业二氧化硫排放量		
	北京	天津	河北
2011	97883.33	230900.00	1412128.73
2012	93849.39	224521.40	1341201.15
2013	87041.62	216832.07	1284697.46
2014	78906.03	209200.00	1189902.56
2015	71171.67	185900.43	1108370.93
2016	33210.02	70614.09	789443.81

资料来源：中国国家统计局。

从表 4 –5 可以看出，河北地区规模以上企业氮氧化物排放量远高于天津地区和北京地区，北京地区规模以上企业氮氧化物排放量最低。2011—2016 年河北地区规模以上企业氮氧化物排放量逐渐下降。结合二氧化硫排放情况，我们可以认为对于治理绿色物流中的废气污染不仅要加强规模以上企业的管理，而且应着重考虑规模以下企业的废气排放。同时，我们要关注绿色物流方面法律、法规的完善。

表4-5　京津冀地区规模以上企业氮氧化物排放量　单位：吨

年份	规模以上企业氮氧化物排放量		
	北京	天津	河北
2011	188324.89	358900.00	1801138.33
2012	177493.41	334222.59	1761109.58
2013	166329.12	311719.26	1652467.63
2014	150955.14	282300.00	1512468.92
2015	137627.14	246800.02	1350808.34
2016	96119.41	144748.63	1126640.12

资料来源：中国国家统计局。

目前，我国有关绿色物流的规定在相关条例、通知、规定、办法中有所提及，但其规定的法律地位较低，效力较弱，绿色物流企业及其他相关主体的权利与义务划分不明确，绿色物流行为的认定无法可依，致使众多绿色物流企业及其他相关主体的利益不能得到强有力的法律保障，导致纠纷解决困难。绿色物流行为大多分散在不同的规范中，例如《中华人民共和国环境保护法》《中华人民共和国大气污染防治法》《中华人民共和国清洁生产促进法》《中华人民共和国固体废物污染环境防治法》《中华人民共和国环境噪声污染防治法》《废弃电器电子产品回收处理管理条例》等在法律精神上对绿色物流加以肯定，但未对绿色物流行为进行系统规定，并且存在不同规定在某些方面相互矛盾或应废止而未废止、应修改而未修改的现象。

绿色物流虽然是顺应环保要求而产生的，但绿色物流不可能完全依靠市场自发实现。根据物流活动的外部性，与物流活动有关的环境立法主要是与固体废物、回收再循环、空气污染控制等方面有关的法规。为了避免绿色物流行业发展进程中无序现象的产生，需要建立一个完善的绿色物流制度体系，以适应绿色物流国际化发展的需要。

此外，由于物流系统的功能环节涉及不同的行业、不同的管理部门，因此如果各环节没有统一的技术标准，很难保证各环节的有效衔接，也很难实现一贯到底的物流模式。这样一来，既增加了货物中间损失的概率，也增加了能量消耗和资源占用，使物流费用上升、物流效率下降，对环境的负面影响加重。因此，政府制定有关的绿色物流标准是十分必要的。绿色物流标准应成为物流企业的行业准入标准。除此之外，还应实行绿色物流企业行业许可制度。

4.3 京津冀地区烟（粉）尘排放量

从表 4 -6 可以看出，河北地区规模以上企业烟（粉）尘排放量远高于天津地区和北京地区，北京地区和天津地区规模以上企业烟（粉）尘排放量较低。河北地区规模以上企业氮氧化物及烟（粉）尘排放量一直相对较高。这其中有河北地区规模以上企业以钢铁业为主的产业结构所带来的影响。规模以下企业应从环境友好角度考虑，着重限制废气、废水的排放量。

表 4 -6　　京津冀地区规模以上企业烟（粉）尘排放量　　单位：吨

年份	规模以上企业烟（粉）尘排放量		
	北京	天津	河北
2011	65848. 04	75922. 53	1322477. 13
2012	66824. 78	84064. 00	1235877. 24
2013	59285. 95	87456. 88	1313312. 62
2014	57372. 45	139511. 47	1797683. 42
2015	49386. 55	100685. 72	1575417. 12
2016	34535. 35	78144. 13	1256835. 95

资料来源：中国国家统计局。

但我们也可以认为，针对规模以下企业烟（粉）尘排放管理，推进绿色物流发展除了要加强政府政策法规的约束和激励，同时还要进一步增强民众绿色物流、环境友好、可持续发展的意识。绿色物流需要广大公众的积极参与。因此，必须重视绿色理念教育，对消费者和企业进行绿色物流的宣传教育。

4.4 京津冀地区快递量

由表4－7可以看出2011—2016年京津冀地区规模以上企业快递量的发展趋势。其中北京地区规模以上企业快递量是三个地区中最多的，且快递量呈上升趋势。河北地区由于人口较多，其规模以上企业快递量在三个地区中居中。天津地区排第三。三个地区规模以上企业快递量均呈显著上升的趋势。

表4－7　2011—2016年京津冀地区规模以上企业快递量　单位：万件

年份	规模以上企业快递量		
	北京	天津	河北
2011	33663.38	5130.56	8660.43
2012	48073.73	6364.03	12469.11
2013	81818.20	8718.97	20755.74
2014	111011.95	12404.23	34019.15
2015	141447.26	25624.45	54911.94
2016	196029.02	41005.35	90392.39

注：2011年起的快递量为规模以上（年业务收入2000万元以上）快递服务企业业务量。

资料来源：中国国家统计局。

在对绿色物流的影响方面，我们认为快递业迅速发展过程中所带来的废旧纸盒数量过多的问题日益明显。依据对废旧纸盒回收企业的采访得知，现阶段企业对快递废旧纸盒的回收主动性不高，一是由于回收利润日趋下降，二是由于快递业废旧纸盒上缠绕过多的塑料包装袋，对废旧纸盒的再利用产生很不利的影响。对此，我们认为快递业废旧纸盒的回收是一个需要解决的问题，相关政府及单位或可考虑实行一些优惠措施实现快递废旧纸盒回收及再利用，由此来改善快递业物流过程中的污染及浪费问题。

2015年以来，第三方物流业发展迅速，中小物流公司层出不穷，公司之间的较量不仅停留在物流的业务量、及时率、客户满意度上，最重要的还是使公司利润维持在一个可持续发展的水平，但由于包装材料的采购价格上升，物流成本翻倍，故现阶段急需解决包装材料费用高的问题。北京KJ物流公司是国内大规模的第三方物流公司之一，提供全面的供应链服务。2017 年 12 月以来 KJ 物流公司不断召开会议讨论改进包装材料的使用情况，部分发货库房由于采购不到规定的包装材料，甚至出现裸机发货的情况。部分库房包装材料乱堆乱放，摆放不合理、使用不规范的问题层出不穷。也有部分库房虽然已经成功实施二次包装材料的使用，但是却无法将其准确录入系统进行新旧包装材料的统一管理。

4.5 包装材料管理系统案例分析

针对上文阐述的包装材料市场成本增长的大趋势，本节将以循环经济理论作为基础理论指导，以物流管理系统（Logistics Management System，LMS）为流程管理手段，运用成本分析、管理信息系统等理论及工具，研究第三方物流公司包装材料成本控制问题，同时为物流企业流程管理提供参考，具有一定的理论及现实意义。

从理论上来说，包装材料的费用与所进行的业务有关，有相应的业务就会产生对应的包装材料采购。在竞争激烈的大背景下，KJ 物流公司在保证产品安全和快递送达及时率的基础上，有效降低物流成本，成为公司盈利的重要手段。本书经过与 KJ 物流公司库房人员共同调研，认为需在原有包装材料使用的基础上，寻找包装材料管理系统的突破口，提出适合公司自身的方案，完善 KJ 物流公司包装材料使用系统，在此基础上解决包装材料存在的问题及优化现有包装材料使用流程。

本节将以 KJ 物流公司所遇到的实际问题为出发点，优化及改善各环节的流程问题，基于系统内部循环、流程优化，以物流管理系统为基础，整合运输管理系统（Transportation Management System，TMS）、办公自动化（Office Automation，OA）系统的包装材料管理体系。将包装材料的采购、使用、调拨、盘点等功能整合，加强包装材料使用全流程的可视性，使包装材料管理工作更加透明。

流程优化首先要熟悉每个模块相互联系的交集，流程之间的相互排列顺序。这不仅便于管理者管理，也使操作更加简单、快捷。包装材料管理的主要内容包括包装材料的采购、出库、盘点等。包装材料流程的优化需要整个公司各部门之间的协调和改进，最终达到高效率操作、减少包装材料数量、节约成本的目的。

4.5.1 包装材料采购流程优化

包装材料采购流程作为整个包装材料业务的开端起着至关重要的作用，流程的优化也着重体现在此环节，这其中主要涉及包装材料的采购员、库房主管、总部核算及制单岗之间的相互联系、相互沟通。以往采购的标准根据往来的邮件确认及反馈，无法严格控制采购的成本与数量，不方便管理，但经过流程优化，将包装材料的 LMS 与 OA 系统部分模块结合，各环节所需单据一应俱全，在系统中有据可查，使得采购环节流程化、透明化，包装材料采购流程优化如图 4 -1 所示。

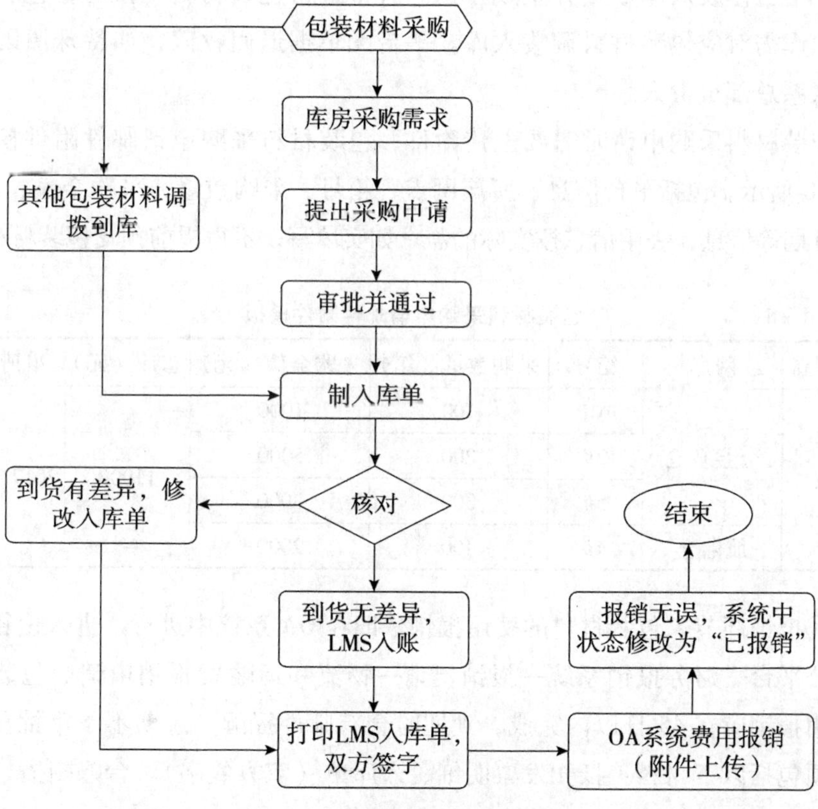

图 4 -1 包装材料采购流程优化

优化之后的流程改善了之前比较粗放的采购管理方式，使采购的每个步骤都有据可查。包括采购环节的责任划分、采购费用以及包装材料的使用等流程，详细而明确。但还需要注意以下两点。

（1）在正式采购之前，平台需向总部提出包装材料采购申请，总部审批后，方能制入库单，进行采购。

（2）在包装材料系统推出之后，再进行包装材料采购（采购实行预算制报销），若不发送申请邮件而直接采购，后期费用不予报销。报销的费用应该低于包装材料的预算金额，如若超出，总部将对库房问责。

①入库环节。入库单据分为两种，包装材料采购入库单和包装材料调拨入库单，分别对应包装材料的正常采购、各仓间包装材料调拨两种业务使用。实物到货前，入库单状态应为“待确认”状态。清点确认数量后负责人签字确认，平台修改入库数量并生成单据。日常进行包装材料调拨时，包装材料调拨出库需对应包装材料调拨入库。平台无单据退回权限，如特殊原因需退回需联系总部负责人。

包装材料采购申请时需要上传附件，包装材料采购申请邮件附件模板如表 4－8 所示。包括平台信息、所属网点、箱号、采购数量、采购金额、总计、申请日期等信息，表中信息按实际的需求如实填写，不得提前预支包装材料。

表 4－8　包装材料采购申请邮件附件模板

<table>
<tr><th>总部平台</th><th>网点</th><th>箱号</th><th>采购数量（箱）</th><th>采购金额（元）</th><th>总计（元）</th><th>申请日期</th></tr>
<tr><td rowspan="4">北京</td><td rowspan="3">金盏 C 仓</td><td>10#</td><td>100</td><td>1000</td><td rowspan="4">11000</td><td rowspan="4">2017. 02. 06</td></tr>
<tr><td>2#</td><td>200</td><td>5000</td></tr>
<tr><td>5#</td><td>300</td><td>3000</td></tr>
<tr><td>航港仓</td><td>4#</td><td>400</td><td>2000</td></tr>
</table>

②报销环节。包装材料的费用报销依旧在 OA 系统中进行，进入途径为协同办公平台—财务报销系统—报销申请—物流和运输费报销申请。包装材料的费用报销应在 45 日以内完成，到期时会有邮件提醒，逾期不予审批。报销申请须包括以下材料：抵扣发票明细、入库单（双方签字）、台账扫描。

报销时，不仅要上传入库单扫描件，同时应在备注中注明对应的 LMS 采购入库单号，在附件中说明，报销模板如表 4 -9 所示。

表 4 -9　　　　报销模板

总部平台	采购入库单号	箱号	采购数量（箱）	单价（元）	采购金额（元）	总计（元）	报销日期	报销人
北京	17000001	10#	100	10	1000	11000	2017. 02. 22	WXB
		2#	200	25	5000			
	17000002	5#	300	10	3000			
		4#	400	5	2000			

表 4 -9 为报销时需要提交的附件模板，制表的主要目的是明确报销人、采购金额、报销日期等，在每个平台下，统计后进行周报、月报，对申请金额进行控制，以便在今后的工作中有据可查。

4.5.2　包装材料出库流程优化

出库环节单据分为包装材料使用出库单和包装材料调拨出库单两种，需注意以下几点。

（1）包装材料使用出库单为系统自动制单，不采用手工制单。

（2）包装材料调拨分为两种业务情景，一为正常调拨，包装材料正常调拨时，包装材料调拨出库单必须对应包装材料调拨入库单。二为项目分摊的部分包装材料调拨，应制包装材料调拨出库单，并在备注中注明相关信息，包装材料出库流程优化如图 4 -2 所示。

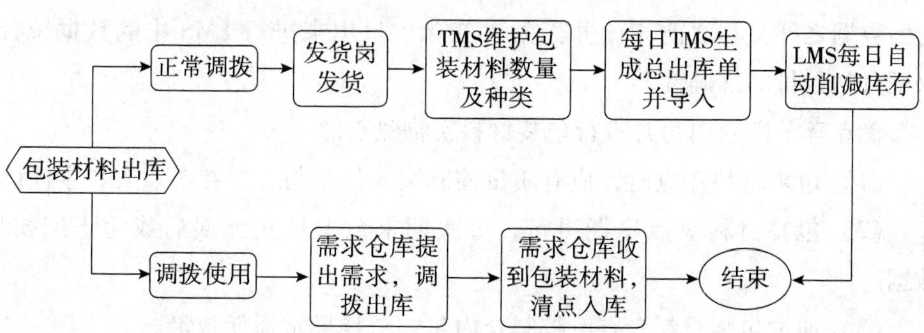

图 4 -2　包装材料出库流程优化

图 4－2 是包装材料出库流程的优化，主要在于将包装材料出库的两种情况，正常调拨和包装材料的调拨使用相结合，共同管理，两种情况都会在包装材料的总数上进行数量的削减，并将流程详细化，提高包装材料出库数量统计的准确率。

4.5.3 包装材料盘点流程优化

包装材料盘点是每月下旬进行的一项必备工作，盘点的结果作为下个月的初始数据录入系统。在系统流程优化之前，盘点的目的与力度都由库房人员决定，这种方式有其不足之处，经过优化之后，专门调用总部审计部门的同事来进行操作。盘点作为流程的最后一步，起到监督的作用，可以控制库房包装材料的使用及浪费情况。根据实际操作情况绘制的包装材料盘点优化流程如图 4－3 所示。

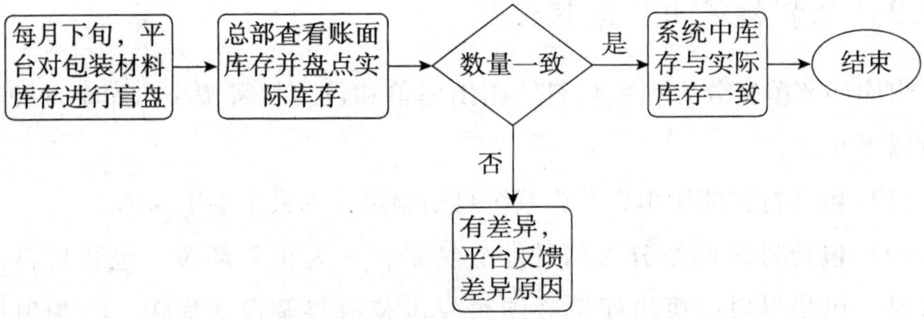

图 4－3　包装材料盘点优化流程

包装材料盘点优化流程除将包装材料盘点的结果上传总部和作为下月的初始数据之外，与之前相比并无太大变化，只用来进行 LMS 中的数据统计，保证月初数量的准确性。

盘点环节即仓内每月进行包装材料实物盘点。

（1）包装材料盘点时，应有质量控制岗人员参与，并在盘点表签字确认。

（2）包装材料盘点定期进行，每次期末数据核实无误后成为下期初始数据。

（3）通过包装材料盘点，控制仓内包装材料异常损耗数量。

4.6 绿色物流通道研究结论

本节以 KJ 物流公司的实际经营情况为出发点，以包装材料的成本及使用问题为解决对象，从企业生存发展的大环境着手分析，采取了实际调查与理论相结合的方式，将包装材料作为商品，进行系统的流程补充及优化。综合使用成本分析、管理信息系统、物流管理系统等理论及工具，以现场收集的信息为分析的基础，收集库房反馈的问题，设计并改善了 KJ 物流公司包装材料管理的作业流程，实现了整个流程的科学化管理，为其他存在同类问题的第三方物流公司提供借鉴。

5 智慧物流通道建设分析

我国“5G”时代的来临，为物流行业智能化发展提供了良好的外部环境。本章对智慧物流中的“无人机快递”进行了案例研究。通过对医药行业的配送数据进行分析，研究了适合无人机快递的配送中心的选址问题，比较了传统医药配送与无人机快递的综合成本，为物流企业选择智能配送新模式提供参考。

5.1 智慧物流发展

京津冀地区智慧物流产业的发展，与京津冀地区规模以上工业企业专利申请数、京津冀地区规模以上工业企业 R&D（科学研究与试验发展）人员全时当量、京津冀地区规模以上工业企业 R&D 经费等因素相关。这可以促进京津冀地区商贸物流智能路由器、车货匹配系统、便捷寄收网点等智慧物流服务的发展，同时为制造企业及物流企业采购先进、适用的物流技术与装备搭建供需桥梁。智慧物流的发展可以积极配合国家京津冀协同发展战略的实施，促进现代物流业发展，为物流行业打造良好的交流平台。

1. 京津冀地区规模以上工业企业专利申请数

京津冀地区规模以上工业企业专利申请数在 2011—2016 年整体上是增加的，如表 5 - 1 所示，这为京津冀地区开展智慧物流创造了良好的外部条件。

表 5-1　2011—2016 年京津冀地区规模以上工业企业专利申请数　单位：件

年份	规模以上工业企业专利申请数		
	北京	天津	河北
2011	13041	11889	5771
2012	20189	13173	7841
2013	19210	16302	9171
2014	19916	16832	9929
2015	20024	16721	10396
2016	20065	17170	13189

资料来源：中国国家统计局。

2. 京津冀地区规模以上工业企业 R&D 人员全时当量

2011—2016 年京津冀地区规模以上工业企业 R&D 人员全时当量呈现稳定状态，河北地区规模以上工业企业 R&D 人员全时当量逐年递增，可以认为与京津冀一体化相关，如表 5-2 所示。

表 5-2　2011—2016 年京津冀地区规模以上工业企业 R&D 人员全时当量

单位：人年

年份	规模以上工业企业 R&D 人员全时当量		
	北京	天津	河北
2011	49829	47828	51498
2012	53510	60681	55979
2013	58036	68175	65049
2014	57761	79014	75142
2015	50773	84291	79452
2016	51143	78336	82971

资料来源：中国国家统计局。

3. 京津冀地区规模以上工业企业 R&D 经费

2011—2016 年京津冀地区规模以上工业企业 R&D 经费整体呈上升趋势，为开展智慧物流创造了良好的外部条件，如表 5-3 所示。

表 5-3　2011—2016 年京津冀地区规模以上工业企业 R&D 经费　单位：万元

年份	规模以上工业企业 R&D 经费		
	北京	天津	河北
2011	1648538	2107772	1586189
2012	1973442	2558685	1980850
2013	2130618	3000377	2327418
2014	2335010	3228057	2606711
2015	2440875	3526665	2858051
2016	2548433	3499551	3086608

资料来源：中国国家统计局。

5.2 无人机智慧物流

近年无人机快递随着京东、顺丰、亚马逊等企业的实践愈演愈热。作为一个在物流行业新颖且极具前瞻性，但同时也具有争议性的课题，无人机快递无疑像“网红”一样万众瞩目。本节通过对局部区域——渭南市临渭区的六家医院建立模型进行研究。首先应用重心法拟建立一个配送中心，再应用节约里程法设计配送路径，并对其成本进行分析。在成本分析过程中，分别研究了无人机快递和传统医药配送的配送成本以及浪费成本。通过比较，得出结论：虽然无人机快递本身的造价较高，但其在成本上仍然具有明显的优势。无人机快递具有高效性、智能化的优点，同时可以节约人力成本，明显提高配送效率。目前，虽然无人机快递不是普遍的物流需求，但是根据本书的研究结论，无人机快递仍然可以推广至更多的特殊领域，解决偏远地区的配送及“最后一公里”等物流难题。相信在未来的发展中，无人机快递会更加完善，引领智慧物流的新时代。

5.2.1 无人机快递介绍

目前，国内的京东、顺丰，国外的亚马逊、7-11 等企业都在做无人机快递的实践研究，这意味着无人机快递的发展并不是纸上谈兵。除此之外，京东与陕西省人民政府达成合作，拟在陕西省打造一个覆盖本省的低空通航无人机物流网。有了政府的支持，无人机的发展在飞行监管方面无疑会顺畅很多。陕西省地处我国中部偏西北地区，而渭南市是毗邻西安市的一座小城市。渭南市经济欠发达，然而随着国内电子商务的飞速发展，渭南市的快递业务也迅速增长，但与之不匹配的是，渭南市的快递配送速度却较为缓慢。尤其是渭南农村地区，村庄乡镇分布广泛，部分地区交通也有诸多不便，配送成本较高。

本章以渭南市周边的六家医院为试验区域，研究无人机快递在该地区应用的可能性。主要通过对无人机快递的配送成本和浪费成本数据的研究，运用控制变量法，对比传统医药配送与无人机快递，讨论无人机在农村偏远地区实现配送的可行性。

信息技术的发展和普及，使我国的网民越来越多，农村地区的网民也随之增多，偏远农村地区是一个极大的物流发展市场。然而，由于农村很多地方交通设施、基础建设等较为落后，导致这些地区快递业务效率迟滞不前，始终无法满足客户的需求。本章以陕西省渭南市为例，在渭南市选择一片区域，将无人机快递应用于应急药品的配送，对其可行性进行分析研究。

目前，无人机快递是中国及世界许多国家研究的热点。本章根据研究现状和实际情况展开研究，旨在解决无人机配送中与地面的配合问题。本章运用案例研究法，在选择的试验区域建立模型，首先运用重心法建立一个配送中心，计算其配送成本，并对比无人机快递和传统医药配送的成本，以及两种配送方式造成的浪费成本，然后通过成本的比较来验证无人机快递的经济实用性及可行性。

本研究立足京东与陕西省人民政府达成合作、共同打造低空物流网的大背景，因此在本章的研究中，并未提及关于无人机飞行制度、“黑飞”等敏感问题。在案例分析的过程中采用了理想化的办法，希望能为相关研究提供借鉴。

5.2.2 无人机快递发展现状研究综述

就目前国内外的研究技术而言，是可以实现无人机快递的，但由于诸多因素的影响，此项技术并不能大范围应用，国内外各大企业还处于竞相角逐的阶段。无人机快递是一个非常新颖、热门的课题，目前对它的研究少之甚少，同时无人机快递研究涉及的领域又非常广泛，很难面面俱到。在本章中，选择将无人机与医药配送相结合，重点比较其与传统医药配送的配送成本、浪费成本，以小见大，对无人机使用的可行性进行探讨。

林鹰（2014）早在《无人机进军空中快递业》一文中提出，解决我国西部偏远地区的快递业务问题，必须发挥空中优势，并为我们展示了“智能蜂”四旋翼迷你无人直升机和一种具有直降功能的四涵道旋翼无人直升机。这两种机型在无人机的技术上可以满足配送的不同规模要求，可在快递行业应用。王琰（2016）认为无人机快递的规模化能有效应对快递订单量的巨额增长，提升快递的投递效率和服务质量，降低快件的延误率、损毁率、丢失率以及快递投诉率，同时还能降低运营成本、仓库成本、人力成本等，提升行业竞争力，使快递的投送更加安全、可靠、快捷。然而无人机快递现在还处于研发阶段，在小范围的试验中，为推广其应用、降低成本，必须将其规模化，并构建一套完善的无人机快递服务系统。在这个系统中，除了需要快递服务系统和飞机控制系统的支持，仍须获得国家民航部门的明文许可和大力监管。

无人机行业将会是一个极具潜力的市场，政府方应该鼓励无人机行业创新，加快形成该行业知识创新和技术创新相互结合的创新体系，其中知识创新是以大学为主体的创新，技术创新是以企业为主体的创新。在这一前提下，民用无人机在快递配送中的应用也日渐明朗起来。以上研究和试验推广代表了我国无人机在快递行业的应用与研发现状，相信经过优化和全面的升级研究，在不久的将来，无人机快递将可以解决偏远地区配送和末端配送这些物流难题。

目前，无人机快递对于国内外都是一个新鲜的研究课题，各个企业竞相角逐，争取在这一领域争得一席之地，例如 Henri Eisenbeiss（亨瑞 · 埃森柏斯，2011）运用无人机摄影方式测量产品，研究无人机当前状态适用的飞行模式，以及准确的飞行轨迹和使用无人机产生的影响。通过各种案例研究，对不同的系统和飞行模式进行调查和比较，得出最佳的实践结论，并预测未来无人机快递的发展趋势及无人机摄影测量的前景。无人机系统听从飞行员的遥控器命令，并没有实现自动化。这些都在今天众多企业的实践中得到了证实，从理论上来讲，目前无人机所拥有的技术是完全可以实现无人机快递的。

在实践领域，国外的各个企业也进行了广泛而深入的研究。2016 年 7－11 便利店在美国内华达州使用无人机配送，在试运营的第一个月完成了 77 单快递配送任务。7－11 表示，无人机可以提供多种商品的送货上门服务，其中包括冷热食品以及非处方药品。这些货物可放入 Flirtey 公司自制的货柜中，然后通过无人机运送。无人机在到达目的地以后，会在空中盘旋，并将货物缓缓放下。大部分商品从用户订购到无人机送达，所用时间不会超过 10 分钟。美国电商巨头亚马逊于 2016 年首次使用无人机向消费者快递包裹，为居住在英国剑桥附近的一位男子送去一台亚马逊 Fire TV 和一包爆米花。无人机快递在如火如荼的实践比拼中再一次证实其并不是噱头，只是限于诸多因素，暂时无法大范围应用，但是在局部区域运行是完全可能的。

在国内，京东一直致力于无人机快递的研究。2016 年京东已在江苏等地区对无人机快递进行试运营。

5.3 以陕西省渭南市为试验区域进行研究

本节在陕西省渭南市选取六家试点医院进行研究分析，并在该区域内建立模型，对该模型应用所学过的相关方法进行分析，探讨无人机快递应用的可行性，对无人机快递的地面站点进行研究和成本效益分析。

在地面站点的布局研究中，需要考察选定的试验区域，确认其是否符合无人机飞行的要求。同时，对实地环境、距离进行考察分析，有助于进行更加深入的研究。根据实地考察的结果，在试验区域建立二维坐标，参照各个医院不同的需求量，计算得出一个配送中心的坐标。在该坐标建立配送中心，并进行后续的配送成本研究分析。对于试验区域，运用控制变量的方法，在假设部分条件相同的情况下，分别获取传统医药配送和无人机快递的成本和收益，比较得出更具经济效益的方案。

在研究的过程中，无法获得很多准确的参数。无人机的载重数据、厢式货车的具体载重数据都无法准确获得。对于这两部分内容，采取了理想化的处理方法，即假设无人机在两个参数为最大值时都能完成配送。在需求量的模拟中，根据医院实际的规模大小、周围的村庄多少等因素进行数据模拟。

5.3.1 试验介绍

（1）试验区域。

所选的试验区域为渭南市临渭区。临渭区是陕西省一个经济发展缓慢且经济欠发达的城镇，选其作为试验区域的原因有以下几个方面。①经济发展水平具有普遍性、代表性，作为一个经济欠发达城市的城镇，它可以代表我国大部分小城镇的经济发展状况，同时其设施设备也同样代表我国绝大部分小城镇的情况。②地理环境有利于试验的进行，鉴于无人机飞行高度的局限性，我们所选取的区域不宜有太高的建筑或障碍物，以免影响试验的进行。临渭区及周边乡镇没有林立的高楼和高大茂盛的树木，这恰好可以方便试验的进行。③环境熟悉，区域较小，方便结果数据的统计，选取熟悉的区域有利于试验的进行。

（2）试验对象。

在临渭区内，选取五家偏远的乡镇医院（A 南师医院、B 官道医院、C 孝义医院、D 阎村医院、E 崇凝医院）和一家市中心的三甲医院（F 渭南市中心医院），根据这六家医院之间的位置及其每年各自的药品供求量建立一个模型，对其分别使用传统医药配送和无人机快递，然后对其成本等方面进行分析，得出结论。

5.3.2 试验的基础数据

（1）六家试验医院之间的距离及分布。

根据图 5 – 1 所示的六家试验医院之间的距离及分布，通过重心法在试验区域内计算出一个最佳位置，在该位置布置地面站点，作为配送中心。

根据建立的配送中心，对试验中的六家医院配送一批药品。与现有的无人机最大载重相比，药品实际单位重量相对较轻，我们假设药品需求量无人机可以一次性完成运输，且不超过其最大载重。

（2）试验所需配送的药品数量。

这部分内容在研究案例模型中是一个难点问题。药品的种类有很多，如针剂、点滴瓶等，又有盒装的、单支的。这些问题在具体模型分析中，无法

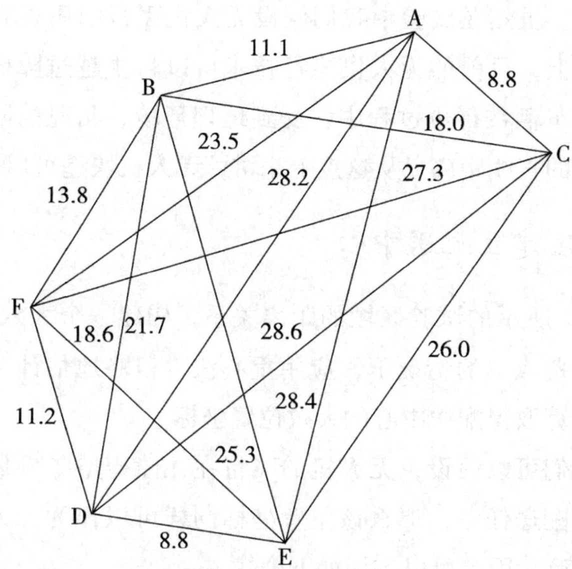

图 5-1　六家试验医院之间的距离及分布（单位：千米）

具体落实。而药品的量化在配送成本的研究中，又与行驶路径的设计、无人机载重、厢式货车的体积等息息相关。

在本节中，药品需求量的计量单位采用了支，默认运完所需药品既不会超出最大载重，也不会因体积过大无法装载。通过调研，根据以上六家医院 2016 年抗生素药品的使用情况，对以上六家医院在试验中的药品需求量进行统计，六家医院的药品需求量如表 5-4 所示。

表 5-4　　六家医院的药品需求量　　单位：支

医院	A	B	C	D	E	F
药品需求量	5000	4800	3200	3000	2700	25000

（3）试验选用的无人机。

采用京东三轴六旋翼无人机，其参数如下：最大载重量 30 千克，最大飞行里程 30 千米，飞行高度 1 千米。

应用节约里程法，根据研究中使用的三轴六旋翼无人机的飞行特点和《药品经营质量管理（GSP）》中厢式货车的医药配送里程和载重两个参数，绘制配送路径图。虽然在试验中我们假设无人机飞行的里程和车辆行驶的里程相同，但实际上，目前的无人机飞行技术可以自主越过障碍物，在高空领域直线飞行，而车辆在行进过程中，受到地理环境、路况的限制，其行驶里程必定大于假设的直线距离，从这点上来讲，无人机快递可以节约行驶里程。

5.3.3 重心法建立配送中心

依据图5－1所示的试验区域的距离关系，构建一个大致的直角坐标系，在不考虑单位运费成本的情况下，应用重心法，粗略地估计一个配送中心的位置，并通过计算取得配送中心的大致位置坐标。

同样地，我们可以假设，无人机的飞行在无障碍空旷领域，可以按照预定路径飞行完成配送任务，那么该位置坐标同样可以作为无人机快递的配送中心（见表5－5）。因此可以应用如下公式。

表5－5　　六家医院的药品需求量与地理坐标

医院	药品需求量（Q_i）（支）	地理坐标（X_i，Y_i）	单位运费（C_i）（元）
A	5000	（18.1，28）	5
B	4800	（7.5，24.6）	5
C	3200	（25.4，23）	5
D	3000	（5，3）	5
E	2700	（13.3，0）	5
F	25000	（0，13）	5

$$X_* = \frac{\sum_{i=1}^{n} C_i Q_i X_i}{\sum_{i=1}^{n} C_i Q_i} \quad (5-1)$$

$$Y_* = \frac{\sum_{i=1}^{n} C_i Q_i Y_i}{\sum_{i=1}^{n} C_i Q_i} \quad (5-2)$$

式中，C_i——从配送中心分别到六家医院的单位运费；

Q_i——六家医院各自的药品需求量；

X_i，Y_i——从配送中心分别到六家医院的地理坐标。

根据公式求得，配送中心 P 的初始坐标为（5.9，15.2），依据运输费用最小迭代原则及配送实际建设需要，配送中心 P 的坐标为（10.7，15.2），如图 5－2 所示。

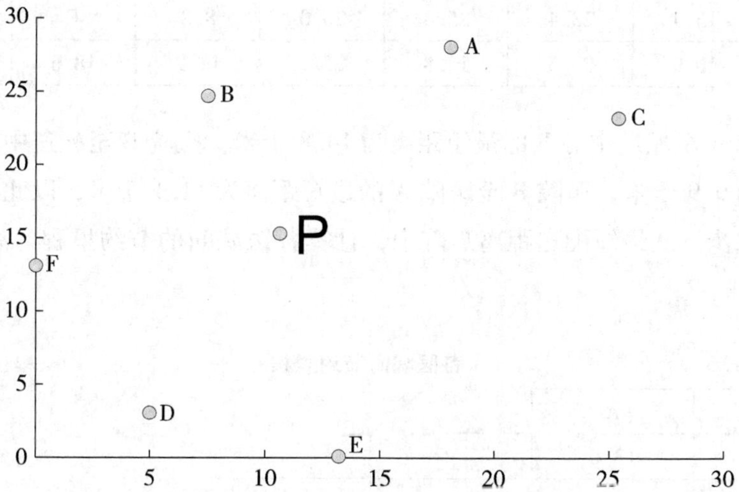

图 5－2 六家医院及配送中心 P 的坐标

5.3.4 配送路径设计

根据重心法的计算结果，分别计算出配送中心到六家医院的距离，在直角坐标系中，两点（X_i，Y_i）（X_*，Y_*）之间的距离公式如下。

$$D_i = \sqrt{(X_i - X_*)^2 + (Y_i - Y_*)^2} \tag{5-3}$$

式中，D_i——从配送中心分别到六家医院的直线距离。

可得出 $PA = 14.8$ 千米，$PB = 9.9$ 千米，$PC = 16.6$ 千米，$PD = 13.5$ 千米，$PE = 15.4$ 千米，$PF = 10.9$ 千米，下面运用节约里程法求得最优配送路径。

第一步：计算配送中心与各个医院之间，以及医院与医院之间的最短配送距离，得出它们之间的最短配送距离矩阵，如表 5－6 所示。

表 5－6　　节约里程法最短配送距离矩阵　　单位：千米

	P					
A	14.8	A				
B	9.9	11.1	B			
C	16.6	8.8	18.0	C		
D	13.5	28.2	21.7	28.6	D	
E	15.4	28.4	25.3	26.0	8.8	E
F	10.9	23.5	13.8	27.3	11.2	18.6	F

医院 A 至配送中心 P 的最短距离为 14.8 千米，医院 B 至配送中心 P 的最短距离为 9.9 千米，医院 B 至医院 A 的最短距离为 11.1 千米，以此类推。

第二步：从最短配送距离矩阵中，计算各医院间的节约里程，如表 5－7 所示。

表 5－7　　各医院间节约里程　　单位：千米

	A				
B	13.6	B			
C	22.6	8.5	C		
D	0.1	1.7	1.5	D	
E	1.8	0.0	6.0	20.1	E
F	2.2	7.0	0.2	13.2	7.7

第三步：将节约里程按从大到小顺序排列分类，如表 5－8 所示。

表 5－8　　医院间节约里程排序　　单位：千米

排列分类	医院连接线	节约里程
1	A－C	22.6
2	D－E	20.1
3	A－B	13.6
4	D－F	13.2

续　表

排列分类	医院连接线	节约里程
5	B－C	8.5
6	E－F	7.7
7	B－F	7.0
8	C－E	6.0
9	A－F	2.2
10	A－E	1.8
11	B－D	1.7
12	C－D	1.5
13	C－F	0.2
14	A－D	0.1
15	B－E	0.0

第四步：根据三轴六旋翼无人机的医药配送里程和载重两个参数，认为一次可配送完毕，计算出配送路径为 P－C－A－B－F－D－E－P，如图 5－3 所示。

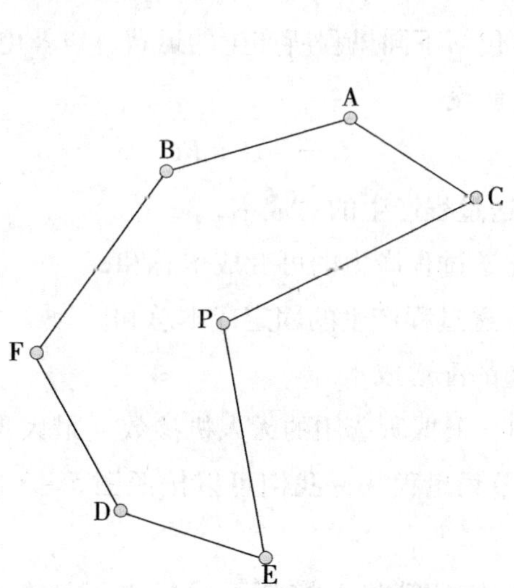

图 5－3　节约里程法计算得出的最佳配送路径

结合对重心法求得的配送中心距各医院最优距离的应用，如有突发药品需求，无人机可从配送中心，以最短距离、最快速度送达需求医院，这时可选择重量更轻、成本更低的电池驱动无人机或油电混合驱动无人机，满足不同类型的药品配送需要。

5.4 无人机快递与传统医药配送成本比较

根据在模拟试验区域建立的配送中心和设计的行驶路径，进行成本计算和比较。本节成本计算主要分为两个部分，第一部分为两种不同配送方式的配送成本，第二部分是应用无人机快递相较于传统医药配送所节省的仓储成本和浪费成本。在库存方面，药品的特征主要表现为季节性强、库存周期短，并且批量小、批次多。

5.4.1 配送成本

由于无人机快递和传统医药配送所产生的成本不同，基于上述试验案例模型，分别计算两种配送方式所产生的成本。在这部分的成本计算中，包括一些固定成本和可变成本。其中固定成本包括配送工具的价格、定期维护费、人工费用，可变成本包括不同里程所产生的运费，以及电费、燃料费用等。

根据上述内容，假设

$$C = VC + FC \tag{5-4}$$

式中，C——配送过程产生的总成本；

VC——配送过程产生的可变成本总和；

FC——配送过程产生的固定成本总和。

（1）无人机快递的配送成本。

在该案例模型中，根据所选用的无人机参数（最大飞行里程 30 千米，载重足够），应用上述节约里程法，我们可以按照图 5－3 所示路径完成六家医院的配送任务。

当地面配送中心的计算机、控制天线成本不计在内时，固定成本 FC_1 包括：

FC_{11}——无人机均摊购置成本；

FC_{12}——无人机的保险费用；

FC_{13}——装卸工人的劳务费用；

FC_{14}——无人机的维修费用。

一架无人机的使用寿命是2年，运营次数为12次/天，飞行速度最大约30千米/时。假设每年实际使用300天。

无人机的购置成本40000元/架，平均每次使用的成本约5.56元/次·架。

保险费用7000元/年，平均约1.94元/次·架。

维修费用60元/天，平均5元/次·架。

在配送中心以及到达目的地之后的装卸工人的劳务费用约50元/次。

可变成本VC_1如下。

VC_{11}——无人机配送的电费。

电费与行驶距离成正比。该模型中无人机每飞行10千米大约耗电量1度，约0.5元。

按照图5-3所示飞行路径，其行驶距离为

$$L = PC + CA + AB + BF + FD + DE + EP = 85.7\text{（千米）}$$

所产生的可变成本为

$$VC_{11} = 4.285\text{（元）}$$

综上，在此次案例研究中，应用无人机进行一次全路径配送所产生的固定成本为

$$FC_1 = FC_{11} + FC_{12} + FC_{13} + FC_{14} = 62.50\text{（元）}$$

所产生的可变成本为

$$VC_1 = VC_{11} = 4.285\text{（元）}$$

因此，无人机配送这些货物所产生的总配送成本为$C_1 = 66.785$（元）。

（2）传统医药配送的配送成本。

传统的医药配送要求必须有良好的配送环境，配备固定的车辆、行驶固定的路线，并保证一定数量的随行人员。在车辆的实际行驶过程中，要考虑路况、地形、环境等各方面的因素。即使运用节约里程法进行计算，也不可否认它会比可采取直线行驶的无人机行驶的里程多。在传统医药配送中，我们同样需要考虑配送车辆的购置成本、维修费用等固定成本和燃油费等可变成本，不考虑其他不可预算的人力成本。

其中，固定成本 FC_2 包括：

FC_{21}——厢式货车的均摊购置成本及维修费用；

FC_{22}——厢式货车的保险费用；

FC_{23}——货车司机的劳务费用；

FC_{24}——装卸工人的劳务费用。

配送车辆为长安厢式货车，成本约 90000 元/辆，一般情况下 15 年强制报废，考虑到老化故障严重及维护等问题，以正常使用寿命 14 年计算，同样以每年实际使用 300 天计算。运营次数 3 次/天。平均成本约 7.14 元/次·辆。

保险费用 2000 元/年，平均约 2.22 元/次·辆。

在该区域司机的工资一般约 4500 元/月，根据出车次数，平均约 50 元/次。

同样假设装卸工人的劳务费用为 50 元/次。

其中，可变成本 VC_2 如下。

VC_{21}——厢式货车配送的燃油费。

行驶消耗燃油 0.065 升/千米，油价 5.94 元/升，行驶路程为公路 103.4 千米，所需油费约 39.92 元。

综上，在此次案例研究中，传统医药配送产生的固定成本为

$$FC_2 = FC_{21} + FC_{22} + FC_{23} + FC_{24} = 109.36\text{（元）}$$

所产生的可变成本为

$$VC_2 = VC_{21} = 39.92\text{（元）}$$

因此，传统医药配送方式配送这些货物所产生的总配送成本为 $C_2 = 149.28$（元）。

经过比较，$C_1 < C_2$，所以无人机快递的配送成本低于传统医药配送，而且无人机快递更高效、更快捷，节省了时间成本和人力成本。

5.4.2 浪费成本和仓储成本

对于所选择区域中的 F 医院 2017 年对 A 药品的需求量进行预测。预测方法分为两种：一次性预测和阶段性预测。众所周知，预测的周期越长，预测结果的准确性越低，误差越大。对于医院药品需求量的预测误差越大，也就意味着浪费越多。除此之外，在一些乡镇医院，滥用抗生素类药品问题十分

严重，准确的预测能够很好地防范此类问题的发生。传统医药配送运量会比较大，每次运输成本比较高，所以一般情况下可能会采取较长周期的预测，然后进行一次性配送。而无人机配送的货物载重量相对较小，成本较低，相比而言更适合少量多次的药品运输。根据5.4.1中对两种不同配送模式的配送成本计算，我们进行如下假设分析。

假设F医院采购A药品的采购单价为0.8元/支。截至2016年末，F医院实际有效使用的A药品为165200支。假设其余药品因过期或其他原因不能使用，一年只做一次预测时用传统医药配送，阶段性预测时使用了无人机配送。2017年F医院A药品需求量预测如表5-9所示。

表5-9　2017年F医院A药品需求量预测　单位：支

	第一季度	第二季度	第三季度	第四季度	总计
一次性预测	190000				190000
阶段性预测	48500	43200	32000	53000	176700

（1）浪费成本。

根据假设有

$$C_1 = p\ (Q_1 - Q_0) \tag{5-5}$$

$$C_2 = p\ (Q_2 - Q_0) \tag{5-6}$$

式中，C_1——一次性预测时应用传统医药配送方式配送药品的浪费成本；

C_2——阶段性预测时应用无人机配送药品的浪费成本；

p——A药品的采购单价；

Q_0——A药品实际的使用数量；

Q_1——一次性预测时A药品需求量的预测值；

Q_2——阶段性预测时A药品需求量的预测值。

得：$C_1 = 19840$（元），$C_2 = 9200$（元）。

根据5.4.1中配送成本的计算结果，假设一次性预测时用厢式货车配送190000支药品需要分4次配送。阶段性预测时应用无人机配送各批次药品总计12次，那么相关计算结果如下。

一次性预测时的厢式货车配送成本：149.28 × 4 = 597.12（元）。

阶段性预测时的无人机配送成本：66.785 × 12 = 801.42（元）。

综上所述，在药品需求量预测中，虽然无人机配送所产生的总配送成本大于厢式货车配送，但是阶段性预测可更准确地预测医院药品需求量，减少药品浪费，更多地节省采购成本。

（2）仓储成本。

同样是上述假设，在相同的仓储条件下，传统医药配送方式长期的药品积压可能导致药品的损坏，同时还占用空间，增加仓储成本。无人机配送有利于仓库的循环，提高空间利用率，也能够在一定程度上降低仓储成本。

5.4.3 研究成果总结

通过对两种配送方式成本的计算比较，从长期来讲，无人机快递的单位配送成本或单次浪费成本都小于传统医药配送方式。单从成本角度来讲，无人机快递是可行的。尽管会有不少人认为，无人机快递并不能广泛地应用于任何领域，但我们必须承认的是，无人机快递在成本节约上具有优势，在实际运营过程中节省了人力成本、飞行里程等。同时它还可以减少药品的堆积，有利于仓库的循环，提高空间利用率。通过该研究，我们可以确定，在该区域内使用无人机快递效率较高，资源使用充分，损耗较小，成本较低，具有较高的经济性。

无人机快递完整体系的建立需要多方的配合，这需要我国的监管部门进一步建立完备的监督管控体系。对于本章涉及的医药行业来讲，地面控制环节仍然需要医药监管部门和其他监管部门的通力配合，才能更好地实现无人机快递在该领域的应用。

6 国际物流网络及保税区国际物流企业成本优化

6.1 国际物流网络

国际物流，依照《物流术语》的定义为跨越不同国家（地区）之间的物流活动。依照狭义的概念：国际物流是当生产和消费分别在两个或两个以上的国家（地区）独立进行时，为了克服生产和消费之间的空间和时间距离，对物资进行物理性移动的一项国际商品贸易或交流活动，从而完成国际商品交易的最终目的，即实现卖方交付单证、货物和收取货款，买方接受单证、收取货物和支付货款的贸易对流条件。依照广义的概念：国际物流包括贸易性国际物流和非贸易性国际物流，包括组织国际贸易在国际间的合理流动及各种会展物品、行李物品、办公用品、援外物资等的国际间合理流动（逯宇铎，2012）。

国际物流是世界范围内一种超越国界的物流方式。国际物流网络节点是指国际贸易口岸、港口码头、自由贸易区、出口加工区、保税区、保税仓库、国内外中转仓库等（王俭廷，2009）。国际物流网络节点如图6－1所示。

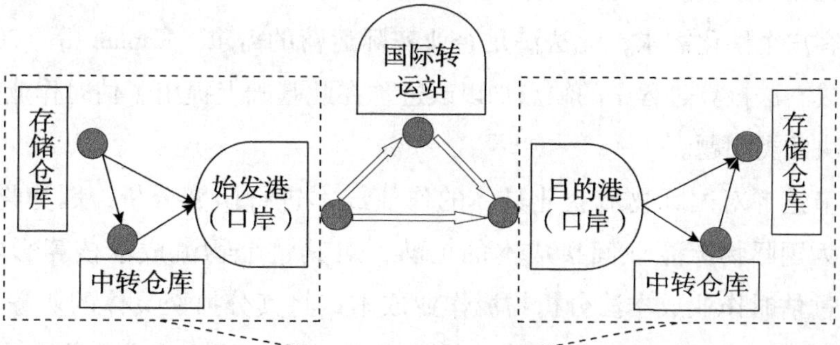

图6－1 国际物流网络节点

国际物流线路是指连接上述众多国际物流网络节点的运输线路，如各种海运航线、铁路线、飞机航线以及海、陆、空联运航线。这些网络线路是库存货物的移动（运输）轨迹的物化形式，每对节点有许多线路，代表着不同的运输路线和不同产品的各种运输服务，各节点表示库存货物流动暂时停滞，其目的是促进货物更有效移动（王俭廷，2009）。

6.2 保税区国际物流企业成本模型及成本核算

目前，我国对单一客户进行准确的物流作业成本核算研究分析的物流企业还是较少见的。传统的作业成本法一般将成本分为三类：人工费用、材料费用和制造费用。虽然企业大体上能够将人工和材料费用追溯到各种产品中，但对于间接和支持性成本，即制造费用，该方法一般按照已有记录的数据，如直接人工小时和直接人工费用予以分配。作业成本法是西方国家于20世纪末期开始研究，90年代以来在先进制造企业首先应用起来的一种全新的企业管理理论，在发达国家的企业中得到广泛应用。以往很多公司会通过作业成本法来核算各月的物流作业成本和客户获利能力，但是作业成本法在数据的收集整理方面存在工作难点。一方面，数据收集和处理的过程费时费力，又极其烦琐，若进行调整也十分困难，灵活性差；另一方面，员工需要对自己在各项作业上的时间分配做出主观估计，因此收集到的数据的准确性也存在主观因素，致使核算出的流程成本、生产成本和客户成本非常不准确，所以人们对其成本分析的准确性也提出了质疑。此外，作业种类的增多也使得传统作业成本法无法完全地反映客户个性化需求，无法满足企业实际运营的需求。Kaplan 等（2004）针对作业成本法核算过程中的缺点加以改进，在此基础上提出了估时作业成本法，可以解决此类问题。

本节选择对国际物流企业具体的作业成本进行研究分析，因为物流作业成本作为国际物流企业间接成本的范畴，对其整个物流成本核算影响较大。而且通过估时作业成本法分析物流作业成本，将其分摊至具体的业务、客户、订单等上面，可以细化成本核算类目，有助于将国际物流企业物流客户成本与企业内部分摊成本进行结合分析。对内，可以找到产能浪费或利用不充分之处优化和规范工作流程与业务流程；对外，一是准确核算物流作业成本有助于国际物流企业进行合理的物流服务定价，二是合理分摊物流客户成本有利于企业管理者的决策和对客户的选择与管理，从而建立规范的客户服务体系。

本节基于估时作业成本法的成本核算，应用以整个企业范围内的业务数据，结合企业 ERP（企业资源计划）系统来获取一般客户和特定作业流程的数据，不靠人工获取，所以基于估时作业成本法的物流作业成本信息数据收集会更加准确和完整。在此基础上，通过对国际物流企业估时作业成本法的模型进行优化，进一步准确确定各项作业动因，逐步解决国际物流企业作业中存在的效率及资源分配问题，使估时作业成本法能真正有效地应用于国际物流企业的成本控制中。

基于 TDABC 的会计物流运作模型如下。

TDABC 基于 ERP 中的自动化生产数据进行计算和分析。它只需要分析前一个月的数据，管理人员使用这些信息来减少每年的重大流程成本，以及更准确地预测产品或服务定价及实现个别客户部门的账户管理。与 ABC 相比，TDABC 可以更好地反映实际物流业务的复杂性和多样性以及不同业务之间的时间成本差异。同时，ABC 对数据估计、存储和处理的要求不是很严格。另外，使用时间作为资源的衡量标准消除了定期调查以确定不同活动之间工作时间分布的需要，这简化了分析过程。

TDABC 涉及以下基本概念。

（1）单位操作时间。完成单个操作所需的时间可由企业 ERP 系统和管理人员估算。

（2）时间方程。时间方程是一种可加性线性方程，用于表示不同工作类型的资源容量要求，即标准客户订单所需的标准时间加上工作差异所增加的时间。

（3）实际能力。实际能力通常占员工或设备理论能力的一定比例。对于初步模型，Robert S. Kaplan（罗伯特·卡普兰，2012）认为，假设实际容量是理论容量的一部分，但更科学的分析需要理论容量减去由确切的休息时间、停机时间、等待时间构成的容量。

（4）产能成本率。产能成本率即产能成本和实际产能的比例。

时间方程是 TDABC 中的一个重要概念。Bruggeman（布鲁曼，2010）描述了耗时的等式，描述了执行工作或为客户提供服务所需的时间，即时间等式，表示在工作上花费的固定时间加上各个时间动因的耗时与各个时间动因的乘积。可以描述为

$$T_j = \beta_{j0} + \beta_{j1} X_{j1} + \beta_{j2} X_{j2} + \beta_{j3} X_{j3} + \cdots + \beta_{jp} X_{jp} \tag{6-1}$$

式中，T_j——j 作业的单位作业耗时；

β_{j0}——j 作业的固定耗时；

$\beta_{j1} \sim \beta_{jp}$——$j$ 作业各个时间动因的耗时；

$X_{j1} \sim X_{jp}$——j 作业的时间动因；

p——时间动因的数量。

假设国际物流企业部门 i 某月产能成本为 C_i元，部门员工数为 R_i，平均每名员工每天理论工作时间为 t 小时，每月工作 S 天，工作时间有效利用率即实际产能百分比（实际工作时间占理论工作时间的比例）为 α_i。基于此，建立部门 i 产能成本率的计算模型如下。

部门 i 的理论产能，即以月为单位，部门 i 人员在满负荷工作的情况下能够提供的生产能力，可描述为

$$Q_i = 60R_iSt(\text{分钟}) \tag{6-2}$$

部门 i 的实际产能，即部门 i 的理论产能与工作时间有效利用率的乘积，可描述为

$$Q_{i0} = Q_i \cdot \alpha_i = 60R_iSt\alpha_i(\text{分钟}) \tag{6-3}$$

部门 i 的产能成本率 Φ_i 由部门所耗产能成本 C_i 除以实际产能即可得到。因此根据公式（6-3），部门 i 的产能成本率计算如下：

$$\Phi_i = \frac{C_i}{Q_{i0}} = \frac{C_i}{60R_iSt\alpha_i}(\text{元/分钟}) \tag{6-4}$$

式中，Φ_i——部门 i 的产能成本率；

C_i——部门 i 所耗产能成本；

Q_{i0}——部门 i 的实际产能。

最终，依据 TDABC 的基本概念，j 作业应该分摊到部门 i 的估时物流作业成本为部门 i 的产能成本率乘以 j 作业的作业耗时。

下面，结合 ST 公司的实际业务案例，把此模型应用到该公司的物流作业成本核算中。一方面，对不同业务要求的客户 A 和客户 B 分别进行物流客户成本分摊；另一方面，对该公司内部各部门的估时资源消耗进行核算，并计算出各自的产能利用率，为研究分析提供数据基础。

希望通过此次研究能将 TDABC 在公司物流作业成本核算中的应用范围拓展开来，运用到更多的业务种类中，能够更加科学、有效地管理物流成本核算的过程，以帮助企业提高资源利用率，挖掘潜在的闲置产能，最终达到降低物流成本的目的。

6.3 基于 TDABC 的物流作业成本核算研究

本节将物流成本核算要素划分为三个内容：物流成本核算对象、物流成本核算期间和物流成本核算范围。物流服务合同作为一种特殊的服务产品，即视为物流成本核算对象，选取 ST 公司 2017 年 5 月（整个会计期中的一个月）为物流成本核算期间，物流成本核算范围为在物流服务合同内 ST 公司综合保税操作中心（部门）关于保税物流货物二线出区的作业。通过一项业务的作业成本试行核算，再拓展到公司的其他业务乃至整个公司的物流成本控制。

6.3.1 确定物流作业成本因子

通过询问企业管理人员及查询会计明细、记账凭证等相关材料，可得出各部门的总费用。根据 ST 公司财务系统的明细账项，归集综合保税操作中心、报关操作中心和仓储管理中心发生的费用，依次为 121660 元、58825 元和 92980 元。保税物流货物二线出区的业务量分别占三个部门的 20%、20% 和 25%，因此综合保税操作中心产生的费用是 24332 元。

部门实际产能是指员工或者设备实际工作的时间，在本案例中管理人员凭经验估计综合保税操作中心部门实际产能为 80%。根据 ST 公司的实际情况，综合保税操作中心有员工 39 名，假设员工每天工作 8 小时，每月工作 22 天。根据公式（6－2）和公式（6－3），以综合保税操作中心为例，记其为 a，则其一个月的实际产能计算如下：

$$Q_{a0} = 60 \times 39 \times 8 \times 22 \times 80\% \times 20\% = 329472 \times 20\% = 65894.4(\text{分钟})$$

部门的产能成本率 Φ_i 由部门所耗资源总成本除以实际产能即可得到。因此，根据公式（6-4），综合保税操作中心的产能成本率计算如下：

$$\Phi_a = 121660 \div 329472 \approx 0.37(\text{元/分钟})$$

由此得到各个部门的产能成本率，接下来将分析时间动因得出时间方程，估算出各客户作业及各个部门的作业耗时。

6.3.2 确定各部门物流作业流程及步骤

ST公司作为一家具有保税物流经营资格的第三方物流企业，部门众多，下面我们以保税物流货物二线出区时综合保税操作中心的操作为例，ST公司保税物流货物二线出区内部操作流程如图6-2所示。

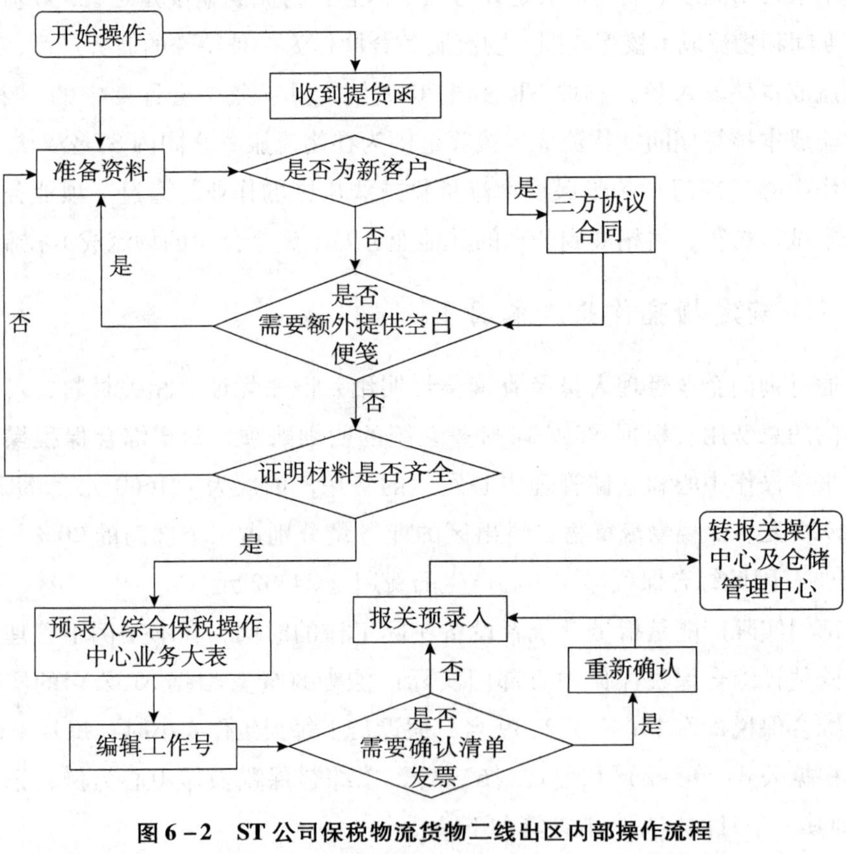

图6-2 ST公司保税物流货物二线出区内部操作流程

6.3.3 分析时间动因、估算作业耗时

在各项作业中，子作业的时间动因影响着时间方程。根据 ST 公司各部门作业情况可以得到部门各项作业的时间动因（见表 6－1）。

表 6－1　　部门各项作业的时间动因

<table>
<tr><th>部门</th><th>作业</th><th>子作业</th><th>时间动因</th></tr>
<tr><td rowspan="9">综合保税操作中心</td><td rowspan="7">1. 准备资料</td><td>1.1 客户提货函（包含货物品名、型号、数量及提货时间）</td><td>提货函票数</td></tr>
<tr><td>1.2 客户清单、发票</td><td>清单、发票票数</td></tr>
<tr><td>1.3 三方协议合同</td><td>是否为新客户</td></tr>
<tr><td>1.4 盖有客户公司公章的空白便笺（“报关报检”专用）</td><td>是否需要额外提供空白便笺</td></tr>
<tr><td>1.5 其他证明材料（卫生证书、原产地证、检疫报告、进出口收货人备案回执）</td><td>证明材料是否齐全</td></tr>
<tr><td>1.6 预录入综合保税操作中心业务大表</td><td>货物票数</td></tr>
<tr><td>1.7 编辑工作号</td><td>货物票数</td></tr>
<tr><td rowspan="2">2. 报关预录入</td><td>2.1 以实际收货人为收货人的清单、发票</td><td>是否需要确认清单、发票</td></tr>
<tr><td>2.2 报关委托书、报检委托书</td><td>委托书货物票数</td></tr>
</table>

根据表 6－1 中的子作业及其时间动因，以及当月客户 A、客户 B 的货物票数情况（见表 6－2），建立综合保税操作中心的时间方程，如公式（6－5）所示。

表 6－2　　客户 A 和客户 B 1 月货物票数　　单位：票

部门	客户 A	客户 B	合计
综合保税操作中心	410	316	726

（1）准备资料。

在准备货物资料的过程中，处理客户每票提货函需要的平均时间是 10 分钟；准备客户清单和发票的时间是 5 分钟；如果是新客户则需要填制三方协议合同，时间是 3.5 分钟；若需要额外提供盖有客户公司公章的空白便笺，需 2 分钟；若其他证明材料不齐全，需要联系客户方的对接人，则需要 3 分钟；每票货物预录入综合保税操作中心业务大表需要 6.5 分钟；每票货物编辑工作号需要 0.5 分钟。

根据公式（6－1）可得，货物的准备资料耗时为

$$T_1 = 10X_{10} + 5X_{11} + 3.5X_{12} + 2X_{13} + 3X_{14} + 6.5X_{15} + 0.5X_{16} \quad (6-5)$$

式中，T_1——货物的准备资料耗时；

X_{10}——货物总票数；

X_{11}——需要准备清单和发票的货物票数；

X_{12}——需要填制三方协议合同的新客户数量；

X_{13}——需要额外提供盖有客户公司公章的空白便笺的货物票数；

X_{14}——其他证明材料不齐全，需要联系客户方对接人的货物票数；

X_{15}——需要预录入综合保税操作中心业务大表的货物票数；

X_{16}——需要编辑工作号的货物票数。

（2）报关预录入。

每票货物的基础报关预录入时间是 15 分钟；若需要跟客户确认清单、发票，则需要 3 分钟；填制每票报关委托书、报检委托书的时间是 13 分钟。

根据公式（6－1）可得，货物的报关预录入耗时为

$$T_2 = 15X_{20} + 3X_{21} + 13X_{22} \quad (6-6)$$

式中，T_2——货物的报关预录入耗时；

X_{20}——货物总票数；

X_{21}——需要跟客户确认清单、发票的货物票数；

X_{22}——需要填制报关委托书、报检委托书的货物票数。

由表 6－2 可知，1 月 ST 公司综合保税操作中心处理客户货物票数 726 票，客户 A 的货物票数为 410 票，其中，$X_{11}=410$，$X_{12}=356$，$X_{13}=398$，$X_{14}=141$，$X_{15}=410$，$X_{16}=410$，$X_{21}=136$，$X_{22}=410$；客户 B 的货物票数为 316 票，其

中，$X_{11}=315$，$X_{12}=310$，$X_{13}=289$，$X_{14}=267$，$X_{15}=316$，$X_{16}=316$，$X_{21}=140$，$X_{22}=316$。

将以上参数代入公式（6－5）、公式（6－6），计算得

$$T_{a(\mathrm{A})}=T_{1(\mathrm{A})}+T_{2(\mathrm{A})}=11485+11888=23373\text{（分钟）}$$

$$T_{a(\mathrm{B})}=T_{1(\mathrm{B})}+T_{2(\mathrm{B})}=9411+9268=18679\text{（分钟）}$$

所以，综合保税操作中心对客户 A、客户 B 货物的作业耗时一共为 $T_a=T_{a(\mathrm{A})}+T_{a(\mathrm{B})}=42052$（分钟）

6.3.4 核算物流作业成本

部门 i 在 j 作业的估时物流作业成本可表示为

$$C_{ij}=\Phi_i T_j \tag{6-7}$$

各个客户业务分摊到部门 i 进行各项业务作业的估时物流作业成本计算，即计算各项业务种类在部门 i 分摊的作业成本之和，其物流作业成本核算模型可描述为

$$C_i=\sum C_{ij}N_k=\sum \Phi_i T_j N_k \tag{6-8}$$

式中，N_k——业务类型 k 的客户数量。

根据公式（6－7）、公式（6－8），结合上述估算的作业耗时，对物流作业成本进行分摊，可以得到客户 A 和客户 B 分别占用各操作部门的估时物流作业成本以及总估时物流作业成本（见表 6－3），企业内部部门的物流作业成本分摊情况如表 6－4 所示。

表 6－3　　客户 A 和客户 B 的物流作业成本分摊情况

	客户 A			客户 B		
	产能成本率 Φ_i（元/分钟）	资源消耗 T_j（分钟）	估时物流作业成本 C_{ij}（元）	产能成本率 Φ_i（元/分钟）	资源消耗 T_j（分钟）	估时物流作业成本 C_{ij}（元）
综合保税操作中心	0.37	23373	8648.01	0.37	18679	6911.23
总估时物流作业成本 C_i（元）	8648.01×1＝8648.01			6911.23×1＝6911.23		

续 表

	客户 A			客户 B		
	产能成本率 Φ_i（元/分钟）	资源消耗 T_j（分钟）	估时物流作业成本 C_{ij}（元）	产能成本率 Φ_i（元/分钟）	资源消耗 T_j（分钟）	估时物流作业成本 C_{ij}（元）
有效产能小计（分钟）	23373			18679		
总有效产能（分钟）	42052					
实际产能 Q_{i0}（分钟）	65894.4					
未利用产能（分钟）	23842.4					

完成 j 作业所消耗的资源成本等于各个部门耗费在 j 作业上的估时作业成本之和，可描述为

$$C_j = \sum C_{ij} \tag{6-9}$$

表 6-4　　部门的物流作业成本分摊　　单位：元

	总估时物流作业成本 C_i	实际物流作业成本
综合保税操作中心	8648.01 + 6911.23 = 15559.24	24332
浪费成本	8772.76	

综合客户 A 和客户 B 的业务，可以计算得到部门 i 的有效产能 T_{ij}，所谓有效产能就是部门 i 在完成作业中根据 TDABC 得到的估时资源消耗之和。在此案例中，每个单一部门的有效产能是此部门在完成客户 A 和客户 B 的业务作业过程中消耗的产能之和，可表示为

$$T_{ij} = \sum T_j \tag{6-10}$$

而单一部门未利用的产能即为该部门的实际产能 Q_{i0} 与该部门有效产能之间的差值。同时，我们还可以核算出各部门的产能利用率 η。

$$\eta = \frac{T_{ij}}{Q_{i0}} \times 100\% \tag{6-11}$$

根据公式（6-11）可以计算得到部门的产能利用率，如表 6-5 所示。

表 6－5 部门产能利用率

部门	有效产能 T_{ij}（分钟）	实际产能 Q_{i0}（分钟）	未利用产能（分钟）	产能利用率 η（%）
综合保税操作中心	42052	65894.4	23842.4	63.82

根据上述核算结果我们可以发现，从总体上看，总估时物流作业成本为15559.24 元，而实际物流作业成本是 24332 元，实际物流作业成本约为总估时物流作业成本的 1.56 倍。很显然，在实际作业过程中，存在的严重资源浪费现象导致了物流成本如此之高。此外，与综合保税操作中心的实际产能65894.4 分钟相比，有效产能仅有 42052 分钟，可以发现，36.18% 的产能未得到有效利用。当实际产能与有效产能之间的差值越大时，产能利用率越低，可以进行调整优化的空间越大，可见在产能的利用率方面该公司还有相当大的优化空间。

根据表 6－3，并结合表 6－2 中客户 A 和客户 B 每个月的相应货物票数，可以发现当公司的利润相近时，客户 A 的货物票数是客户 B 的 1.3 倍，而客户 A 的资源消耗是客户 B 的 1.25 倍。可以看出，与客户 B 相比，客户 A 对公司的盈利有更大的贡献，对企业而言并非所有客户都同样有利可图。

根据表 6－4 和表 6－5，可以发现实际物流作业成本为 24332 元，可以有效利用的、对企业的效益做出实实在在的贡献的成本仅为 15559.24 元，而没有真正利用的物流运营成本高达 36%。如此高的浪费成本提醒企业需要内部反思，首先，所有部门要进行自我审查，确定过程中的哪一部分业务流程在实际运作中出现了问题。其次，业务经理要对整个企业工作流程进行检查，检查部门和部门之间的工作转移是否存在问题，检查公司内部的信息是否对称，检查内部工作任务是否存在不合理的划分。

对于国际物流企业来说，首先，不准确的物流运营成本核算可能给企业带来更多复杂的问题，甚至造成企业管理失控。如果 TDABC 可以用于单个客户的物流成本核算，与其他成本做出区分，则有助于解决企业内部各部门运营成本分配不合理的问题。其次，准确计算所有客户，各种商业物流的运营成本，不仅可以帮助国际物流企业分析客户的盈利能力，还可以影响经理的决策和客户关系的管理，以及产品或服务的定价。国际物流企业甚至为整个行业建立标准化的客户服务体系提供了思路和方向。在企业中，分析工作流程和时间动机在物流成本核算过程中有利于其提高内部工作流程的标准化，有利于提高员工工作效率，解决部分工作内容分散或不合理的情况。最后，将 TDABC 应用于国际物流企业的物流运作成本核算，有利于国际物流企业成本核算的参考和扩展。

6.4 国际物流企业作业成本核算总结

本章试图在分析运营方法的时间成本和案例的基础上，探究影响国际物流企业业务成本的因素，建立时间方程，计算产能利用率，并将运营成本分配给每个成本对象。首先，准确计算每个客户的物流成本，分析客户盈利能力，确认物流服务定价和企业客户选择，并提供有效的管理解决方案。其次，估算项目的耗时和昂贵的运行费用，并将其与实际运营成本进行比较，计算产能利用率，发现生产能力的浪费或利用的不足，进一步优化运营流程，提高工作流程标准化水平。

7 华北至欧洲陆空联运现状与优化——以K+N货运代理公司为例

对于京津冀地区物流园区的物流需求，须在宏观与微观上同时进行研究，在分析京津冀地区物流网络物流需求容量变化情况的基础上，主要从社会净收益最大化的角度进行考虑。本章在此基础上把物流交通量引入物流网络均衡模型，设想建立一个均衡的物流网络，两两物流枢纽之间就可以实现物流联运，建立基于现有基础设施的物流网络均衡模型，形成国家多式联运网络，在规划层面实现区域交通运输干线与其他交通方式的无缝衔接，达到物流网络均衡状态。

物流网络均衡模型应用的前提是假设对同一运输方式，不同客户愿意支付的运输成本是不同的，因为公司及物流客户具有不同的偏好。因此，按照对运输方式成本的不同偏好、反应程度等属性将物流客户分为不同的物流需求群体。如果分类恰当，那么对每个物流需求群体分别建立属于这个群体的选择模型，能够获得比针对所有物流需求群体建立相同的物流运输方式选择模型更好的效果。

在城市已有路网及物流设施的背景下对京津冀地区交通网络进行研究，通过对京津冀各地物流企业运输时间、运输单价及服务水平进行调研，寻找京津冀物流企业多式联运存在的障碍。通过交通网络模型的构建，得出多式联运下物流通道优化模拟数据结果。在实践中，可以利用研究出的物流网络均衡模型对城市轨道、公路等交通服务设施及交通服务水平进行调整。

本章由现今正蓬勃发展的国际运输引发思考，以从华北地区出口至欧洲各国的陆空运输的视角出发，分析德迅（中国）货运代理有限公司（以下简称“K+N货运代理公司”）多式联运现状，找出其存在的问题，提出可行性优化方案。首先，对国内外各大国际货物运输代理公司的多式联运和一体化运输进行分析，研究K+N货运代理公司在2015—2017年三年内通过多式联运方式运输的货物占货物运输总量的比例，分析K+N货运代理公司在多式联运方式中的发展状态。其次，根据该公司现有的陆空联运的模式，找出K+N货运代理公司华北至欧洲地区陆空联运存在的问题，通过对比及分析，对该公司在现有多式联运的模式下产生的问题进行深入讨论。

根据国内外优秀的多式联运模式实例，分析找出有利于改善K+N货运代理公司陆空联运模式的优化方案。在K+N货运代理公司现有陆空联运路径下，通过K+N货运代理公司内部和外部的优化，改变国内外多式联运路径，优化报关，以整合国内中转站、扩张欧洲中转站并采取多元化的陆空联运为目标，实现一体化运输下K+N货运代理公司陆空联运的最优解。

7.1 背景及意义

7.1.1 选题背景

随着经济全球化发展以及中国电商贸易的兴起和对“一带一路”倡议的实践，中国货物出口量与日俱增，而物流运输作为进出口业务中的关键环节，承担着非常重要的角色。中国对外贸易的发展给众多国际物流运输企业带来了前所未有的发展机遇。

K+N货运代理公司承担着整条国际出口货物运输中国内运输、国外运输以及航空订舱的多重职责。截至2017年12月底，K+N货运代理公司2017年从华北地区发往欧洲的空运货物重量高达4.3万吨，货物总体积超过2万立方米。作为全球领先的国际货运代理公司，若要促进公司业务的发展、提高公司整体的国际竞争力，不仅要在物流服务和货物运输价格上取得竞争优势，还应该在物流运输乃至整个国际物流供应链上获得自己战略性的发展优势。

从目前来看，K+N货运代理公司从华北地区通过空运发往欧洲地区的每批货物始发站与目的站都不相同，而各类货物的运输模式与物流服务要求也参差不齐。从运输需求方到货物承运方的多方位发展需求来看，能够适应现代多模式运输发展趋势的就是多式联运。多式联运是根据实际业务需要，由两种或两种以上运输方式组合成的复合型一体化运输。K+N货运代理公司自2017年3月起，开始逐步采用多式联运的运输模式。但截至目前，从华北运至欧洲地区的货物仅有一小部分能够真正地实现陆空联运和集中运输，而剩余的大量货物只能采用单批次运输的模式，不仅物流运输效率低、成本高，而且消耗大量的人力、物力、财力，不利于整个物流体系的优化发展，更不适应现阶段所提倡的可持续化的绿色发展战略。

7.1.2 选题意义

本章将在现有基础上讨论如何将K+N货运代理公司大部分由华北运往欧洲地区的货物实现陆空联运，并将现阶段多式联运模式进行整合优化，在K+N货运代理公司原有的运输组织形式基础上，为其提供一种高效率、低成本的一体化物流优化运输模式。

目前，对于K+N货运代理公司而言，货物的运输组织形式更趋向对大量散货进行单批次运输，在满足客户运输要求的同时须寻找时下服务优、价格低的航空公司进行运输，以赚取航空公司报价与客户报价之间的差价。而这种单批货物单批次运输的形式虽然也能盈利，但会耗费大量的人力、物力、财力。

相比而言，K+N货运代理公司部分货物的陆空联运所产生的优势非常明显，将货物按区域划分，通过陆运集中在华北当地最近的物流园区，再将货物按运往的欧洲目的站进行分类，将当天集中的货物统一在夜间运输至北京空港库区。在北京空港地区K+N货运代理公司的库房中，将当天上午各地区所有运至北京的货物按目的站进行分类集中。集中后的货物虽然品类各不相同，但目的站一致，以这样大批量的货物与航空公司议价可以获得比单批货物单批次运输低至少30%的价格。再将目的站相同的货物运至统一库区，统一报关，由指定的航空公司运输至欧洲同一目的站。这样一来，原本分批运输的货物采用集中的陆空联运便可节省大量的时间和资源。

虽然K+N货运代理公司对华北地区运往欧洲的货物已经进行了小规模的

集中式的陆空联运，但实际实施起来却困难重重。例如当大量不同品类的货物集中报关时，但凡有一个品类的货物未放行或被抽查，整批货物将会滞留在北京空港地区 2 ~ 3 天，不仅满足不了许多客户的运输时间要求，更会给因货物的滞留而停留的航空公司造成损失。又如并不是所有货物的运输要求都是一致的，许多情况下会遇见含电池的货物、含机油的货物、需要温控的药品等。除此之外，目前 K + N 货运代理公司的陆空联运模式单一，仅有卡车—飞机陆空联运，且国外陆空联运中转站仅在法兰克福一地设立，可选择的联运路线比较单一。

本章将对目前国际上使用的陆空联运模式进行分析，寻找 K + N 货运代理公司目前实施大批货物多式联运所面临的阻碍和问题，并与现有成熟模式比较，对 K + N 货运代理公司华北至欧洲地区的陆空联运模式进行优化改进，寻找实施大批货物多式联运的可行性方案。

7.1.3 研究现状

本章从国内外多式联运现状以及优化模式两个方面对现有研究进行总结与分析，在此基础上，分析企业多式联运模式的特点及现状，寻找优化其现有一体化模式的方法。

《联合国国际货物多式联运公约》对国际多式联运的定义为按照多式联运合同，以至少两种不同的运输方式，由多式联运经营人将货物从一国境内接管货物的地点运至另一国境内指定交付货物的地点的货物运输。因此多式联运可认为是采用两种或两种以上运输方式进行联合运输的运输组织形式，其中所涉及的运输方式有公路运输、铁路运输、空运和海运等，目前多式联运的模式可以分为海陆联运、海铁联运、陆桥联运、公铁联运、陆空联运等。国际多式联运现阶段研究趋向海空联运、陆桥联运、公铁联运等领域，对陆空领域的思考和探究却相对较少。陆空联运分为陆空路联运（Train - Air - Truck，TAT）、陆空联运（Truck - Air，TA）和陆空联运（Train - Air，TA），也可分为陆空路联运（Train - Air - Truck，TAT）、空陆空联运（Air - Truck - Air，ATA）和陆空联运（Truck - Air，TA），本书依据研究需要对后一种分类进行介绍。

(1) 陆空路联运 (Train - Air - Truck, TAT)。

这种模式下的陆空联运经历了三种不同的运输形式。首先，由于铁路运输及航空运输有其固定的班次时间点和航班时间点，前两种运输方式的班次及时刻可以很好地把控，其运输动态可以很容易被进口方或者收货人知晓。其次，铁路运输与航空运输的运载能力相近，能适应和接受的货物种类也基本一致，因此当作为出口方，铁路运输与航空运输相结合时，铁路运输可以被视为航空运输的相似模式。这种通过铁路运输再到航空运输的运输组织形式，往往运输的货物价值相对较高、货量较大、运输时间要求精准，且作为收货方或者进口方有自己委托的可靠的卡车收货运输代理或选择自行接货。这种模式下的多式联运弊端在于部分国家未能将铁路与空运很好地结合，通常情况下同一地区的铁路目的站与空港地区之间存在一定的距离，往往还须动用城市间的卡车运输将货物从铁路目的站运往空港地区。

(2) 空陆空联运 (Air - Truck - Air, ATA)。

空陆空联运，即通过空运将货物运至进口方地区或国家的中转港，由海关批准的专用卡车代理公司用接驳车运输至相近的转运机场，再由飞机第二程运输至目的站或收货方。这种运输模式免去了续程的转关报关手续的办理，海关只需通过空陆空联合运输的转关资料及随货清单进行货物比照即可放行。而货物的清关手续只需在到达目的站运出机场时一次性办理。

空陆空联运模式通常适用于中国内地进出口货物通过中国香港转运时，而海关批准的专用卡车代理公司所运转的路程即为从香港国际机场往返于深圳宝安国际机场或广州白云机场之间的路程。旧的模式为我国内地进口的货物抵达香港国际机场后，直接从中国香港出关，再通过卡车运输至内地，即单纯的空陆联运的模式，这种从中国香港运至内地的联运模式往往会在转程的卡车运输中消耗至少 3 ~ 4 天的时间。新的模式为从中国香港转程的空陆空联运，用从深圳或广州机场进行转程的模式来代替长途的卡车运输，同样是一次性清关，大大减少了原本续程运输的时间。出口情况与此基本一致，从内地出口的货物通过空运运至深圳或广州机场后，可直接在当地报关或在一体化通关的监管下运输至中国香港，再转运至世界各地。

(3) 陆空联运 (Truck - Air, TA)。

陆空联运即为广泛地使用公路运输与航空运输相结合的模式。由于航空运输具有固定的航班地点和相对准确且对外公布的航班时间，而公路运输的运输能力和载量灵活，且运输路线广泛，可以较好地弥补航空运输在航班、航线上固定不变的弱点，故又将公路运输称为航空运输的补偿形式。

通过公路运输与航空运输相结合的多式联运模式，能将货物直接送到空港地区或由机场直接运至收货方，能相对有效地减少运输时间。而对于时效要求较强的货物，公路运输通常更适用于其短程的转运。与此同时，由于公路运输对含电池的货物、含机油的货物或者温控货物没有较强的运载限制，故能极大地弥补铁路运输在这方面的弊端。另外，由于政策的优化和报关的简便，公路运输往往能做到联程运输的"一体化通关"和"区域大通关"的简便通关模式，极大地减少了报关所消耗的时间和人力成本。因此，本章就此陆空联运模式进行案例研究。

7.2 K+N 货运代理公司华北至欧洲陆空联运分析

在经济全球化背景下，航空运输适应了国际贸易距离长、空间范围广、时效要求高等要求，因而成为经济发展的驱动力，是现代化国际经济中心城市迅速崛起的重要依托。在这样的大背景下，如何通过航空运输缩短运输时间、降低运输成本是 K+N 货运代理公司所面临的问题。

对于这些问题，陆空联运就是一种很好的解决措施，然而想要真正采取陆空联运获得如此大规模的陆空联运运输网络，需要财力雄厚的大型国际货运企业，解决国内外陆空联运运输圈和运输网的设立、国内外卡车运输的规模等问题。K+N 货运代理公司陆空联运存在的问题包括：能通过陆空联运将华北地区的货物运至欧洲的欧洲站点只有法兰克福一个，虽然法兰克福位于欧洲中部地区，运输网络面向全欧洲发展并不困难，但它也存在许多弊端。能够通过直航运输将货物从北京运往法兰克福的货物仅仅有汉莎航空、卢森堡航空以及空桥货运航空这三家航空公司，大大限制了 K+N 货运代理公司多元化运输的开展。

7.2.1　华北至欧洲陆空联运货物量

近年来，K + N 货运代理公司在发展中通过建立卡车转运中心、公路港、航空港、综合物流园区等，逐步提升联运技术水平，拓展航空运输市场，建设“城市货站”用于货物的分流，并且以城市为核心，形成几个大的陆空联运物流圈。

就目前而言，K + N 货运代理公司在欧洲地区设立的最大城市货站是法兰克福机场，K + N 货运代理公司在中国的几个主要的城市货站分别为青岛、大连、郑州、天津、北京五大货站中心，其中以北京为华北地区最大陆空联运物流圈，而郑州具有独立的空运物流圈，不属于联运范畴。2015—2017 年华北至欧洲各地区空运货物量如图 7 - 1 所示。

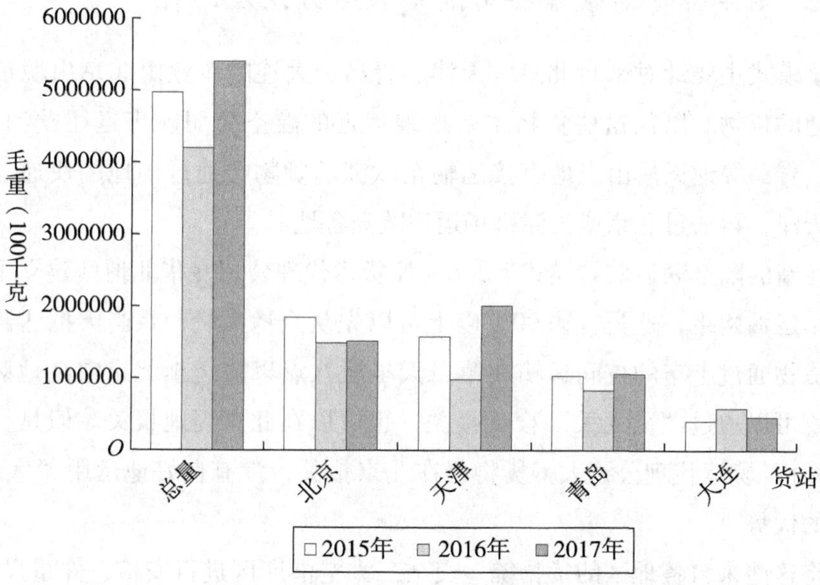

图 7 - 1　2015—2017 年华北至欧洲各地区空运货物量

总体而言，2015—2017 年，这三年的货运总量均在 40 万吨以上，在 2017 年更是超过了 50 万吨。来自北京、青岛、大连的货物运量三年来起伏不大，在 2017 年，来自天津地区的货物运量逼近 20 万吨，是这三年来来自各地区货物的最高运量。

但是通过表 7－1 能清晰地发现，真正通过多式联运实现集中式陆空联运模式抵达欧洲的货物量三年以来虽有上涨，但均未超过 10%。

表 7－1　　2015—2017 年华北至欧洲空运及陆空联运货物量　　单位：100 千克

毛重与百分比	年份		
	2015	2016	2017
全部空运货物毛重	4987560	4192388	5388720
陆空联运货物毛重	218840	317668	463404
百分比（%）	4.4	7.6	8.6

注：百分比＝陆空联运货物毛重/全部空运货物毛重×%。

7.2.2　K＋N 货运代理公司陆空联运方法及路径

该模式主要针对来自北京、天津、青岛、大连的企业由北京出境运往欧洲各地的货物。以往这些货物主要搭乘就近的航空公司航班运往欧洲各地，大连、青岛等地无法由当地直接运输至欧洲的货物会通过当地的快递运往北京或天津，再通过北京或天津机场运往欧洲各地。

在新的陆空联运监管模式下，K＋N 货运代理公司在华北地区建立了完善的卡车运输网络，这类货物 90% 以上可以先从当地集货，将当天抵达当地货仓的货物通过卡车的夜间运输在第二天早晨八点以前运至北京空港地区。这些货物可以通过“大通关”模式报关，也可以在北京当地报关。但是目前而言，K＋N 货运代理公司大多货物仍在北京报关，没有良好地运用“大通关”政策的优势。

将这些来自各地区的货物统一交至三大空港库区进行安检、件重尺计量、报关、检测以及打托，尽可能地将目的站一致或相近的货物装在同一个托盘上，再经由汉莎航空、卢森堡航空以及空桥货运航空这三大航空公司直航飞往法兰克福机场。在到达法兰克福机场后将货物交付 K＋N 货运代理公司当地的库区进行拆卸和运输，将目的站一致的货物（有托盘货物，也有散货）通过 K＋N 货运代理公司在法兰克福的卡车运往欧洲各目的站。在此过程中尽量减少整托货物的拆卸，可以节省大量的人力成本和时间成本。

这种陆运和空运接力的陆空联运模式为中国往欧洲各地区运送货物开辟了一条低成本的新通道。预计借助北京国际航运中心的地位，有效促进北京空港货运量的增长，提升整个华北地区配套货运服务能力。K+N货运代理公司陆空联运模式如图7－2所示。

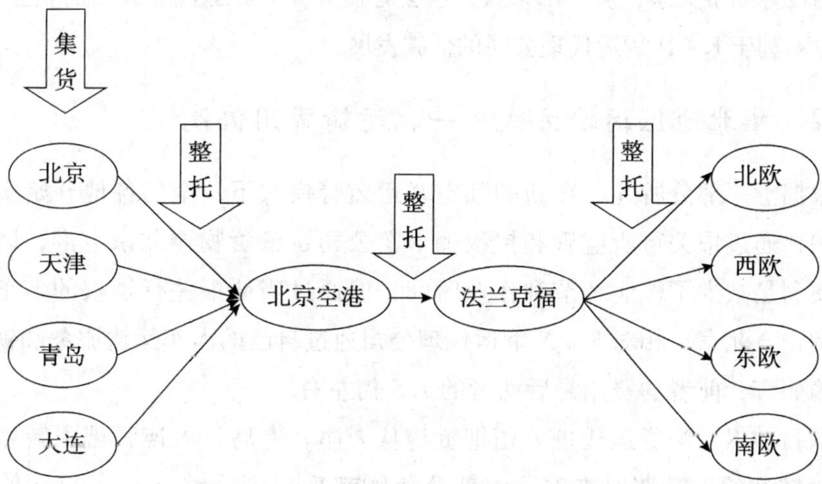

图7－2　K+N货运代理公司陆空联运模式

7.3　K+N货运代理公司华北至欧洲陆空联运问题分析

7.3.1　货物在中转仓存放时间过长

根据K+N货运代理公司2015—2018年北京、天津、青岛、大连四个区域中转仓仓储货物流动性及中转时间报告来看，青岛负责中转货物的区域辐射范围广，货量较多，与北京中转站之间的距离较远，导致其货物的积压率较高、货物流动性不强、仓储费用偏高、中转时间过长。与之类似的大连中转站也存在同样的弊端。而天津中转站与北京中转站由于地理位置的优势，与北京空港距离较近，因此并没有很明显的货物在中转仓堆积的情况。

由于区域中转站与北京中转站及北京货运操作人员之间信息传达不及时，

且沟通较少，常会出现货物已经抵达北京中转站，但没有提前订机舱，货物只能囤积在北京中转仓中，直至有航空运输舱位的情况。这导致北京中转仓内货物囤积过多，产生大量的仓储费，且客户由于没有收到及时更新的货物转运信息或货物抵达目的港的时间晚于要求时间，而对K+N货运代理公司进行索赔或投诉。从内部来看，这不仅不利于公司盈利，更不利于区域部门员工之间的良好同事关系；从外部来看，这会有损K+N货运代理公司的企业形象，同时也不利于K+N货运代理公司的低碳发展。

7.3.2 华北地区运输方式单一、运输费用偏高

根据上一部分所述，在新的陆空联运监管模式下，全国各地开始实行区域报关，通过报关行所监管和授权的卡车公司运输货物至北京空港，区域报关的便利是减少了作业环节和作业时间，但通过当地报关行授权的卡车公司运输货物至北京，相对K+N货运代理公司通过自己的卡车运输服务和铁路进行运输而言，前者的费用是后两者的1.5倍左右。

从目前K+N货运代理公司把货物从天津、青岛、大连区域中转站运至北京中转站的运输情况来看，大部分货物都采用了公路（卡车）运输的方式，只有少部分货值较高、对时间及服务要求较高、计费重量较低的货物采用了国内的空运服务。针对所有采用卡车运输的货物的报关情况来看，仅有不到20%的货物采用了区域报关的模式，其主要原因是通过区域报关的货物在中转运输中产生的费用相对较高，在货物运输时间没有极强要求时，一般采用K+N货运代理公司自有的卡车运输服务，然而从表7-2中可见，总体而言，对于运输距离较远的货物，卡车运输费用略高于铁路运输费用。

表7-2　　城市间运输方式费用　　单位：元/千米

	青岛—天津	青岛—北京	天津—北京
公路	1.6	1.8	0.8
铁路	1.3	1.7	1.2

由此我们产生设想，在K+N货运代理公司部分区域之间的中转运输方式中加入铁路运输，是否能减少中转运输费用，增加企业的利润率？本章将结合区域报关的优势，分析K+N货运代理公司采用陆空路联运，对华北地区部分货物采用公铁联运模式的可行性。

7.3.3 K+N货运代理公司货物报关时间过长

从目前K+N货运代理公司的通关模式来看，据不完全统计，在青岛、大连、天津，仅有不到20%的货物采取了区域通关一体化的报关模式。

K+N货运代理公司对该通关模式的响应程度相对较低，主要原因在于通过区域报关的货物在运送至他地出口时需要使用报关行监管和授权的卡车运输公司运输相关货物，如此一来因区域报关产生的运输成本偏高，K+N货运代理公司通过运输产生的利润率偏低。与此同时，客户有权选择货物的报关地点和报关行，许多客户会认为青岛、大连、天津当地报关行的报关能力没有北京当地报关行强，而且一旦出现查货情况，也往往只有北京当地的报关行能快速解决问题，及时将货物放行。然而，将绝大部分货物运至北京空港后再进行报关，会导致北京地区报关业务增多，从而导致货物在K+N货运代理公司北京库区存放时间过长。

7.3.4 欧洲陆空联运中转库单一

K+N货运代理公司在欧洲陆空联运的中转站仅有法兰克福一个，这意味着只有在法兰克福中转的货物能够通过K+N货运代理公司自有的卡车进行中转。抵达欧洲境内其他机场的货物，例如抵达巴黎戴高乐机场、荷兰阿姆斯特丹机场等的货物，只能联系当地货运代理公司委托转运。

如此一来，抵达其他机场的货物转运费用会偏高，转运货物的相关物流信息也不能及时传达，转运的效率也不能像K+N货运代理公司自主转运一样高效，转运服务也会受到限制。然而由于法兰克福机场每日承载转运的货物量有限，由北京直飞法兰克福机场的货运航班也仅有6班，以至于K+N货运代理公司的大部分货物并不能采用由K+N货运代理公司自主完成的陆空联运。

7.4 K+N 货运代理公司华北至欧洲陆空联运优化方案

7.4.1 华北地区中转环节的精益管理

这里所说的中转环节的优化，并不是指减少货物的中转环节，而是在面对必不可少的中转环节时，能够有效地利用多式联运的优势减少中转时间及货物的装卸时间，并做到成本的节约和优化。具体从缩短报关时间、减少装卸及拆装动作、实现中转站内的精细化管理以及物流信息化管理这四个方面进行优化。

（1）缩短报关时间、减少装卸及拆装动作以及实现中转站内的精细化管理。

在微观方面，K+N 货运代理公司在北京、青岛、大连、天津四个节点的库区应尽量做到机械化管理，将人工搬运改为机械化作业，甚至是自动化机械作业，以减少劳动力成本。除此以外，货物在库区内部的装卸应该合并并取消无效的搬运动作，在作业过程中力求达到工序之间衔接的缜密性，减少货物在库区的长时间堆放，达到货物的不间断流水化作业，以缩短中转时间，减少库区内货物存放时间，节约成本。

在宏观方面，应该提高搬运的灵活度，从全局出发来考虑货物的装卸方式。对目的站相同、品类相近的货物进行联合装载，目的站相同的货物可以运载至同一北京空港库区，而品类相似的货物则可以在报关时选择相同报关行以减少报关的时间。

（2）物流信息化管理。

陆空联运的物流信息化管理体现在从货物进入 K+N 货运代理公司的北京、青岛、大连、天津四个节点的库区开始，货物进入库区后就应当及时贴上标签，制作货物在空运随机文件中的分单，通过货物的分单和标签信息，随时跟踪货物的运输状态。在货物即将到达北京空港库区或抵达欧洲机场库区时，当地的操作代理应及时查询所有货物的信息并及时进行更新反馈，以避免产生的问题不能及时得到解决。

7.4.2　华北地区铁路运输与空运相结合的陆空联运成本

从 K + N 货运代理公司天津、青岛、大连、北京物流中转库区到北京空港的距离分别为 160 千米、718 千米、855 千米和 53 千米，卡车运输时间分别为 2.5 小时、9 小时、9.5 小时和 1.5 小时。虽然卡车运输的时间灵活性强，但运输时间长，如果采用火车运输将缩短运输时间，且北京火车货运站位于黄村，与 K + N 货运代理公司北京中转库区较近，仅有 12 千米的距离，更加方便运输。考虑由天津、青岛、大连转运至北京的货物均须进入北京中转库，要对货物按目的站进行分类，因而考虑在华北地区采用铁路运输与空运相结合的陆空联运模式。

1. 天津、青岛、大连至北京原运输方式成本计算

北京、天津、青岛、大连并不是 K + N 货运代理公司在华北地区仅有的四个货运中转站，但从货物总体运量来看它们处于前四位的排名位置，是具有代表性的货运中转站。其他地区每年的出货量相对于这四个地区是微乎其微的，故不纳入分析考虑范畴。天津、青岛、人连至北京的运输距离及费用如表 7 - 3 所示。

表 7 - 3　　　　天津、青岛、大连至北京的运输距离及费用

	运输距离（千米）	单位运输成本（元/千米）	费用（元）
天津（卡车）	160	0.8	128
青岛（卡车）	718	1.8	1292.4
大连（卡车）	855	1.8	1539

由于青岛至北京每千米的卡车运输费用是天津至北京的两倍多，因而对于天津及青岛的货物，按“青岛—天津（铁），天津—北京（公）”“青岛—北京（铁），天津—北京（铁）”“青岛—北京（公），天津—北京（公）”三种模式进行成本的对比，选择成本最低的运输模式。

对于大连至北京的货物，由于并不途经其他 K + N 货运代理公司的中转站，因而直接考虑公路与铁路运输的成本对比。

2. 大连至北京公路、铁路运输成本对比

大连至北京公路、铁路运输成本如表7－4所示。

表7－4　　大连至北京公路、铁路运输成本

	运输距离（千米）	单位运输成本（元/千米）	中转成本（元/千克）	单位中转运输成本（元/千米）	速度（千米/小时）
公路	855	1.8	0	0	120
铁路	846	1.5	0.5	0.8	120

设运输重量为X（$X \leqslant 6000$千克），中转运输距离为12千米，当铁路运输成本低于公路运输成本时：

$$1.5 \times 846 + 0.5X + 12 \times 0.8 \leqslant 1.8 \times 855$$

由此得$X \leqslant 520.8$。

因此我们可以得知，当货运量大于520.8千克时，选用卡车运输总成本将低于铁路运输；当货运量低于520.8千克时，选用铁路为主的运输方式成本最低。且除去中转时间，公路运输与铁路运输速度一致。对于大连的货物，应同时使用区域通关一体化的报关模式，有利于减少K＋N货运代理公司在北京报关的货物量，减少大连货物本身的报关时间。

3. 青岛、天津至北京公路、铁路运输成本对比

(1) 建立动态规划模型。

针对本节所描述的青岛、天津至北京的三种联运模式，建立优化多式联运的动态模型。其中所须考虑的变数为运输费用、中转费用、每次运输量、运输时间及中转时间等因素。

$$\min Z = \sum_i \sum_j x_{i,i+1}^j c_{i,i+1}^j + \sum_i \sum_j \sum_k r_{i,i+1}^{jk} t_i^{jk} \qquad (7-1)$$

式中，$c_{i,i+1}^j$——在转运点i和转运点$i+1$之间选择第j种运输方式的费用；

t_i^{jk}——在转运点i从第j种运输方式转换成第k种运输方式的中转费用；

$$x_{i,i+1}^j = \begin{cases} 1 \text{——在转运点} i \text{和转运点} i+1 \text{之间选择第} j \text{种运输方式} \\ 0 \text{——其他} \end{cases};$$

$$r_{i,i+1}^{jk}=\begin{cases}1\text{——在转运点 } i \text{ 和转运点 } i+1 \text{ 之间从第 } j \text{ 种运输方式转换成第 } k \text{ 种运输方式} \\ 0\text{——其他}\end{cases}。$$

每一个转运点相当于一个动态规划的阶段，利用逆序的方法求出最佳运输费用。每两个转运点之间的运输费用如下。

$$P_{i-k}(j,k) = t_{i-k}^{jk} + QC_{i-k,i}^{k} \tag{7-2}$$

式中，$P_{i-k}(j,k)$——运输总费用；

t_{i-k}^{jk}——中转费用；

Q——中转数量；

$C_{i-k,i}^{k}$——第 k 种运输方式的单位运输费用。

（2）运算。

具体费用情况如表7-5和表7-6所示。

表7-5　城市间公路、铁路运输费用　　单位：元/千克

	青岛—天津	青岛—北京	天津—北京
公路	1.6	1.8	0.8
铁路	1.3	1.7	1.2

表7-6　中转费用　　单位：元

运输转换方式	从公路		从铁路	
	转公路	转铁路	转公路	转铁路
中转费用	200	500	400	200

注：设运量 Q_i 为1000千克。

青岛—天津的运输费用，设从天津运出为公路运输：

P_2（公，公）$=t_2^{公,公}+Q_1C_{2,3}^{公}=200+1.6\times1000=1800$（元）

P_2（公，铁）$=t_2^{公,铁}+Q_1C_{2,3}^{铁}=400+1.3\times1000=1700$（元）

因而对于假设天津运出为公路运输的货物，青岛—天津铁路运输费用低于公路运输费用。

青岛—天津的运输费用，设从天津运出为铁路运输：

P_2（铁，公）$=t_2^{铁,公}+Q_1C_{2,3}^{公}=500+1.6\times1000=2100$（元）

P_2（铁，铁）$=t_2{}^{铁,铁}+Q_1C_{2,3}{}^{铁}=200+1.3\times1000=1500$（元）

因而对于假设天津运出为铁路运输的货物，青岛—天津铁路运输费用低于公路运输费用。

天津—北京的运输费用，设从天津运出为青岛、天津货物联合运输：

P_1（公）$=$（Q_1+Q_2）$C_{1,2}{}^{公}+P_2$（公，铁）$=2000\times0.8+1700=3300$（元）

P_1（铁）$=$（Q_1+Q_2）$C_{1,2}{}^{铁}+P_2$（铁，铁）$=2000\times1.2+1500=3900$（元）

因而对于假设天津运出为青岛、天津货物联合运输的货物，青岛—天津铁路运输、天津—北京公路运输费用低于青岛—天津铁路运输、天津—北京铁路运输费用。

青岛—北京（铁）、天津—北京（铁）的运输费用，设不采用联合运输：

P_1（铁）$=Q_1C_{1,3}{}^{铁}+Q_2C_{1,2}{}^{铁}=1000\times1.7+1000\times1.2=2900$（元）

青岛—北京（公）、天津—北京（公）的运输费用，设不采用联合运输：

P_1（公）$=Q_1C_{1,3}{}^{公}+Q_2C_{1,2}{}^{公}=1000\times1.8+1000\times0.8=2600$（元）

（3）小结。

综上，我们通过建立动态模型并结合运算可以得出，对于服务要求在北京报关，采用单一运输方式，不采用联合运输的货物，青岛—北京（公）、天津—北京（公）运输成本较低。

对于服务要求从天津报关，节省报关时间，在天津联合中转的货物，青岛—天津（铁）、天津—北京（公）的运输模式所花费的运输成本最低。K＋N 货运代理公司通过对上述模式的使用，可以在一定程度上降低成本，进而提高利润率。

7.4.3 华北地区货物报关环节的优化

区域通关一体化，即多地通关可视为一关，在非本地海关进出口的货物可以在企业指定的其他地区进行报关，也就是货物报关地点不受货物进出口地点限制。这次一体化通关变革被称为改革开放以来最具历史性的海关变革。后又通过报关行对监管方法进行改进，全国各地非本地出关的货物可使用受海关监管的卡车承运货物至进出口地点。这就大量减少货物集中在进出口地区一个报关点的情况，在减少进出口地点报关行的承载压力的同时也减少了原本需要等待报关所用的时间。这样就减少 2～3 天的报关时间，使卡车运输与航空运输几乎可以无缝衔接。

但这种一体化通关也存在一定的弊端，虽然缩短了报关时间，然而一旦货物被查验，在其他地区报关的货物须等待一天的时间才有可能放行，更有被退回空港库区的可能，一旦退库，将会产生大量费用。所以在面对极有可能被查验的货物（如含有金属或液体的货物）时，应尽量采用单批次运输。

将区域通关与本小节所得结论相结合，对于大连和天津的货物，K + N 货运代理公司采用卡车运输模式成本较低，因此对于大连和天津的货物均采取区域通关，降低在北京报关的压力。对于青岛的货物，如选择在天津报关，可通过铁路运输抵达天津后在天津进行报关，部分货物也可直接在青岛报关，通过卡车运输至北京。

7.4.4 K + N 货运代理公司欧洲地区陆空联运优化扩建欧洲机场中转库

现将 K + N 货运代理公司所有从中国华北地区运往欧洲地区的货物分为可集中联运与只可单批次联运两类。对于单批次运输或是服务要求为不可集中联运的货物，针对这些货物的特征，多式联运所规划出的优化路径应更趋向于满足客户需求。完成这种单一货物在起讫点之间的运输往往费用较高，可优化程度低，因而本节只对此做简单优化分析。而对于可集中联运的非单批次货物，以运输费用低、时间短作为优化目标，其可优化程度较高。事实上，对路径进行优化即为减少运输时间和运输成本。本节将着重对这种可集中进行陆空联运的货物进行可行性路径优化分析。

目前，K + N 货运代理公司在欧洲地区可作为多式联运的站点只有法兰克福。虽然法兰克福位于欧洲相对中心的位置，且法兰克福机场承载量较高，但如果作为唯一的陆空联运库区选址，从长远角度来说并不利于 K + N 货运代理公司货运量的提升，拓展其他陆空联运的中转库区已势不可当。表 7 - 7 显示的是 2015—2017 年 K + N 货运代理公司欧洲货运量累计毛重前十的城市。

表 7－7　2015—2017 年 K＋N 货运代理公司欧洲货运量累计毛重前十的城市

单位：100 千克

地区	2015 年	2016 年	2017 年
阿姆斯特丹	114811	88461	153355
布鲁塞尔	66399	44572	329642
巴黎	159510	180045	202482
法兰克福	717714	1430130	217139
赫尔辛基	95802	243455	192051
勒阿弗尔	149623	463726	638006
马德里	17935	33215	59648
米兰	44757	87585	229352
柏林	5990	2384	44019
苏黎世	11439	14478	53298

本书将采用重心法选址，结合北京飞往以上城市直航班次，找出除法兰克福以外适合作为欧洲地区陆空联运目的站的城市（地区）。具体数据如表 7－8 所示。设年平均配送量为 V_i，目的站库区标为（X_i，Y_i），且式中

$$D_{ix} = V_i \times X_i ,$$

$$D_{iy} = V_i \times Y_i$$

根据公式

$$C_x = \frac{\sum D_{ix} V_i}{\sum V_i} , C_y = \frac{\sum D_{iy} V_i}{\sum V_i} \tag{7-3}$$

可得 $C_x = 61.29$，$C_y = 37.49$。

由表 7－8 中坐标可知，距离该点最近的城市并非法兰克福，而是巴黎，而每天由北京飞往巴黎的直飞航空公司有法国航空和中国国际航空公司，每日的航班数有 4 班，虽然并没有高于从北京飞往法兰克福的航班数量，但是在巴黎机场附近设立陆空联运的库区可以与法兰克福库区之间形成相辅相成的关系，从而提高 K＋N 货运代理公司中国华北至欧洲地区陆空联运的运输总量，最终提高 K＋N 货运代理公司陆空联运的整体效率。

表 7-8 各库区重心法坐标及年均配送量

目的站及地理位置坐标	阿姆斯特丹		布鲁塞尔		巴黎		法兰克福		赫尔辛基		勒阿弗尔		马德里		米兰		柏林		苏黎世	
	X_1	Y_1	X_2	Y_2	X_3	Y_3	X_4	Y_4	X_5	Y_5	X_6	Y_6	X_7	Y_7	X_8	Y_8	X_9	Y_9	X_{10}	Y_{10}
	60	52	57	50	51	44	65	45	92	76	48	3	32	25	64	28	76	49	68	32
年均配送毛重（100 千克）	118876		146871		180679		788328		177103		417118		36933		120565		17464		26405	

在巴黎机场附近设立转运库区，一方面增加了4条陆空联运北京直飞欧洲的航线，另一方面可缓解法兰克福机场货物陆空联运的承载压力。巴黎机场与法兰克福机场附近的中转物流站点不同于城市配送的转运站点，通过K+N货运代理公司的机场转运中心进行临近城市货物的转运，相对于通过航空公司委托的转运企业进行货物转运，可减少K+N货运代理公司的转运成本。

我们通过建立动态模型，结合铁路、公路运输的价格以及转运费用，找到了K+N货运代理公司华北地区运输成本最低的模式，此外，目前K+N货运代理公司在欧洲地区能够用作多式联运的机场库区仅有法兰克福一处，而去往欧洲的货物分布广泛，且货运量十分庞大，因此寻找其他陆空联运中转库区来缓解法兰克福的承载压力势不可当。本小节使用了重心法选址，通过各大城市的位置坐标及货运量，找出真正适合作为转运中心的城市是法国巴黎，且每日从北京直飞巴黎的航班有4班，因而若真正在法国巴黎机场附近设立新的陆空联运中转中心，能整体上提高K+N货运代理公司陆空联运的效率，缓解法兰克福机场的承载压力。

7.5 陆空联运研究结论

本节通过对陆空联运模式的细化分析得出，除了单纯的公路—航空这种多式联运模式之外，还可结合铁路运输来实现多种运输模式相结合的陆空联运。通过对比多种联运模式和与K+N货运代理公司相似企业的陆空联运模式，找出K+N货运代理公司目前的陆空联运模式所面临的几大问题。

我们分析发现，从微观方面，阻碍其在华北至欧洲地区的陆空联运发展的因素除了政策的限制之外，还有K+N货运代理公司的联运物流网络布局规模较小，其自身并没有重视陆空联运所带来的优势和利益。K+N货运代理公司若要通过多式联运来提高企业的竞争力，应该先从自身出发，精细化管理，优化华北地区货物的中转环节，缩短报关时间、减少装卸及拆装动作。中转站内的精细化管理和物流信息化管理是K+N货运代理公司未来优化华北至欧洲地区陆空联运的主要发展方向 。从宏观方面，K+N货运代理公司应该在华北地区适当结合铁路运输，采用陆空路联运模式，充分发挥华北地区发达的铁路布局网络优势，适当使用火车运输代替卡车运输以提高陆空联运的时效性，降低K+N货运代理公司的运输成本。最后应在欧洲选择新的转运中心，可缓解华北至欧洲陆空联运的运输压力，整体上提高运输效率。

8 公铁联运中的物流成本管理——以吉泰物流为例

8.1 绪论

自2013年提出“一带一路”倡议以来，多式联运作为连接不同国家运输路线的运输方式越来越受物流行业的重视，国家政策的倾斜给多式联运带来了生机。2018年，运输结构调整和货运增量行动取得阶段性成效，全国铁路完成货物发送量40.26亿吨，比上年增加3.38亿吨，同比增长9.2%。同年，全国铁路集装箱发送量为1375.1万TEU，同比增长33.4%，连续三年实现铁路集装箱发送量增幅30%以上。在良好前景下，公铁联运企业应该利用好自身优势与外部政策优惠，分析企业自身弱点，做好成本控制，争取更好的发展。

8.1.1 研究背景及意义

随着经济的快速发展，物流的重要性日益凸显。任何虚拟或实体的商业活动，最终都要通过物流实现。可以说，物流是连通一切商业活动的重要载体。物流成本作为商业活动中不可忽视的重要成本组成部分，在整个企业的商业运作和利益获取过程中起到至关重要的作用。对物流成本的有效控制可以帮助企业提高利润，从而有更多的资金投入产品研发、包装、宣传等能够提升产品形象的方面，因此可以帮助企业扩大竞争优势，起到双向促进的效果。

公铁联运作为多式联运中一种常见的运输方式，对降低物流运输成本有着巨大贡献。公路的运输成本相较于铁路的运输成本较高，且进行长途运输的时间长，效率不如铁路运输；铁路运输虽然成本低，但是对货运量的要求较大，且无法提供“门到门”的服务，可能会降低企业的物流服务质量。公铁联运将两者的优势相结合，劣势互补，既能降低物流运输的整体成本，又能实现“门到门”服务，达到事半功倍的效果。

作为公铁联运的龙头企业，吉泰物流有限责任公司（以下简称“吉泰物流”）有着强大的公铁联运基础，致力于构建公铁联运网络。但是，目前的公铁联运依然面临着基础设施不足、货运量不够、运输途中无故消耗多等问题，如果能够找到解决公铁联运瓶颈的方法，对物流成本进行优化，可以使企业获得更大的利益。

约束理论（Theory of Constraints，TOC）立足于企业系统，通过对企业瓶颈的改善，达到系统各环节同步、整体改善的目的。结合作业成本法对吉泰物流公铁联运成本进行量化计算，将服务成本、延误等待成本、操作异常损失成本等隐性成本纳入计算范围。在作业成本法得出的计算结果的基础上，运用 TOC 理论寻找企业物流成本控制方面的瓶颈，并加以改善。通过对比改善前后物流成本的节约率、货物运输量等方面的变化，体现 TOC 理论的有效性。

本章选取吉泰物流作为研究对象，运用 TOC 理论对其公铁联运的物流成本控制进行研究，对企业物流成本优化有着重要意义。

8.1.2 研究内容

第一部分，首先，结合当前公铁联运的背景，叙述目前国内外研究现状、研究内容以及研究的技术方法和路线，阐释研究意义。其次，对公铁联运的国内现状进行分析，从公里数、集装箱数量、货物重量所占比重、货物种类等方面进行梳理，分析我国现阶段公铁联运的优势与不足，结合国家政策，分析公铁联运的发展潜力。

第二部分，对 TOC 理论进行概述，说明运用 TOC 理论的合理之处以及 TOC 理论的基本运用模式。

第三部分，对吉泰物流公铁联运现状进行分析。本章主要在吉泰物流公铁联运物流成本方面，对物流成本构成进行划分。运用作业成本法对公铁联运的成本进行量化计算，将可能影响成本形成的服务成本、延误等待成本、操作异常损失成本等隐性成本纳入成本计算，综合分析可能会导致成本上升的因素，挖掘可见成本背后的隐性诱因。

第四部分，对每个环节的作业动因进行分类，对比供应链上的所有作业环节，运用作业成本法计算出物流成本的各影响因素，确定可以优化的成本，再运用 TOC 理论寻找出现问题的部分并提出解决方案。遵循识别瓶颈、应用瓶颈、配合瓶颈、打破瓶颈、寻找下一个瓶颈的方法，不断优化物流成本。优化之后再次使用作业成本法进行成本计算，得出成本节约率，以及在相同成本背景下，运输货量、运送时间等方面的改变。

最后整理研究的全部过程，指出研究的不足之处，总结公铁联运企业运用 TOC 理论进行物流成本管理的普遍规律。

8.2 公铁联运现状分析及 TOC 理论介绍

8.2.1 公铁联运现状分析

1. 我国公铁联运现阶段发展水平

我国 2018 年全年货物运输总量为 515 亿吨，比上年增长 7.1%。货物运输周转量为 205452 亿吨·公里，比上年增长 4.1%。全年规模以上港口完成货物吞吐量为 133 亿吨，比上年增长 2.7%，其中外贸货物吞吐量 42 亿吨，比上年增长 2.0%。规模以上港口集装箱吞吐量为 24955 万 TEU，比上年增长 5.2%。货运总量的增长为多式联运运行提供了巨大的市场空间，2018 年多式联运运量创了历史新高。

我国公铁联运发展潜力逐步释放，治理公路超载在一定程度上促进了货物由公路运输向铁路运输转移，现阶段铁路运输网上办理货运业务的比重超过 70%。2017 年，全国铁路集装箱发送量为 1029 万 TEU，同比增长 37%，连续三年实现铁路集装箱发送量增幅 20% 以上，进入历史最好发展时期。

同时，铁路集装箱货物品类增多。铁路部门对 152 类白货推出批量零散货物入箱业务，吸引高附加值货物回归铁路；对35吨敞顶集装箱等装备不断进行研发应用，发展煤、焦炭、矿石、粮食等货物的散改集业务；大力发展化工品入箱业务，为氰化钠、硫黄、氢氧化钠、黄磷、八氧化三铀等危险货物办理集装箱运输业务。

除此之外，公铁联运服务产品不断丰富。公铁联运主要依托通用集装箱作为运载工具，同时在商品车运输、冷箱运输、罐箱运输、行包快运和驮背运输等方面不断丰富。

2. 国家政策支持我国公铁联运发展

自2016年《交通运输部等十八个部门关于进一步鼓励开展多式联运工作的通知》(见附录B)，到2018年国务院办公厅印发《推进运输结构调整三年行动计划（2018—2020年)》，提出“多式联运提速行动”，充分发挥铁路的社会运输功能，推动多式联运向纵深发展，在政策层面对多式联运的表述更加精准，对多式联运的效用和效能更加重视。多式联运被行业主管部门确定为推进综合交通运输体系建设和调整运输结构的突破口，成为推进运输结构调整和物流业降本增效的重要抓手。

2018年国家发展改革委与交通运输部联合印发《国家物流枢纽布局和建设规划》，提出枢纽多式联运建设工程，该规划结合国内物流大通道基本格局，选择127个具备一定基础条件的城市作为国家物流枢纽承载城市，规划建设212个国家物流枢纽。规划将具备多式联运功能作为国家物流枢纽布局和建设要素之一，通过多式联运中转设施实现枢纽间快速集结分拨。国家物流枢纽多式联运服务功能的逐步健全，将有力推进以“干线运输+区域分拨”为主要特征的现代化多式联运网络形成，促进国家物流枢纽间跨区域、跨运输方式协作，推动区域经济联动发展。多式联运系统建设影响着国家经济要素空间布局，影响着地区经济新旧动能转换。多式联运对经济转型的引领作用开始显现，枢纽经济、通道经济正随着多式联运系统的建立逐步显现生命力。

全国20个省（区、市）陆续出台多式联运工作实施方案，上下共促我国多式联运产业实践进程。从中央到地方，一系列政策文件的出台，不再停留在多式联运必要性的解读，而是提出多式联运与经济结构调整、多式联运与运输结构调整的必要性，更加关注多式联运发展的效用和效能，多式联运发展的目标任务和指标体系不断完善。

3. 我国公铁联运发展的优势

（1）政策引导，货量充足。

在国家政策的引导下，更多产业注意到了公铁联运带来的经济优势，原来的单一运输模式正在向公铁联运转变。在“一带一路”的支持下，我国与周边国家的交往更加密切，货物运输更加频繁，除了国内已有的货量，国外的消费需求刺激货物供给，对运输的需求更加迫切，公铁联运的使用较之前更受重视。

（2）公铁联运企业增多，技术提高。

2018 年，国家多式联运示范工程继续深入实施，24 个项目进入示范工程名单，进一步丰富多式联运组织形式和推进产业实践。三批（70 个）示范工程项目已覆盖公铁、海铁、国际铁路联运、陆空联运等联运方式，涉及集装箱、滚装船、航空集装器、公铁两用车、驮背运输等运载工具和运载类型，港口企业、铁路企业成为多式联运的主体实施企业，主要海运企业、航空企业、公路物流企业也参与其中。第一批和第二批多式联运示范工程企业 2018 年的运行数据表明，前两批的 46 家示范工程企业已开通线路超过 250 条，线路已覆盖全国 28 个省（区、市），参与企业超过 1000 家，完成集装箱多式联运量约 270 万 TEU，与公路运输相比，降低社会物流成本超过 80 亿元，运输价格平均降低 35% 左右，能耗降低约 108 万吨标准煤，综合效益进一步显现。

神华铁路货车有限责任公司在公铁联运装备创新方面实现突破，2018 年 8 月成功开行了国内首列多功能驮背运输试验班列。中车长江车辆有限公司推出了一系列多式联运解决方案，一是公铁联运装备转运装备，二是集装箱智能站场设施，三是多式联运智能空轨集疏运系统。特别是集装箱多式联运智能空轨集疏运系统，采用立体交通思维，将集装箱悬挂于空中轨道运行，颠覆了传统货站间短驳转运模式，提出了解决多式联运“中间一公里”断连的系统方案。

4. 我国公铁联运发展的不足

（1）仍处于起步阶段，货运量占比低。

与欧美等发达国家和地区相比，我国多式联运仍处于起步阶段，公铁联运也是一样。我国多式联运的货运量仅占社会总货运量的2.9%，而美国这一比率却是10%；我国货物中转所耗费的成本约占全程物流成本的30%，运输组织效率低，从而导致企业经营成本增加。

(2) 设施无法私有，产能无法充分利用。

以美国为例，铁路、火车属于企业私有产业，这些企业再与其他公司进行合作，可以控制发货的准时率。由于是私有化，可以提前4周左右进行货量安排，提前控制货量。如果货量过多则可以采用其他运输方式进行补充，货量过少则可以将部分运力分配给其他公司，做到充分运用产能。对于国内的企业，由于无法控制铁路段的运输，货源信息不透明，无法保证应发车时货量能够达到理想装载容量，所以可能会出现列车延误的情况。或者由于货量不足就发车导致运输成本升高、遇到不可抗力因素无法进行运输导致损失，都会给成本管理带来难度。

因此，在目前技术水平不能进一步提高和国内政策不能更改的前提下，公铁联运企业应该从自身寻找问题的突破口，主动进行企业成本的控制。

8.2.2　TOC 理论介绍

(1) TOC 理论核心实施步骤。

作为一个成熟的理论体系，TOC 理论有一套核心实施步骤，如图8-1所示。

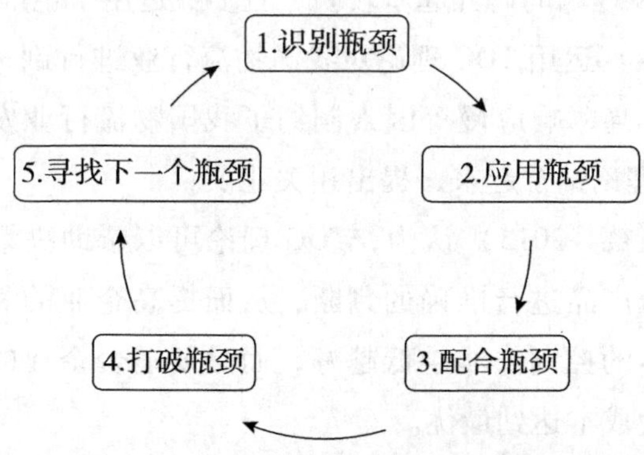

图8-1　TOC 理论核心实施步骤

第一步：识别瓶颈。TOC 理论中最基础也是最重要的部分就是找到整个作业过程中的瓶颈部分，一切提高过程都是基于对瓶颈的认识和改善，这是整个 TOC 理论中至关重要的部分。

第二步：应用瓶颈。应用瓶颈是把瓶颈部分找出来后最大限度地加以利用，使其充分发挥作用。

第三步：配合瓶颈。提高了瓶颈部分的利用率后，与瓶颈部分相关联的上下游作业要加以调整，适时放慢或加快作业速度，或者改换作业方式，确保瓶颈部分可以发挥应有的作用。

第四步：打破瓶颈。找出瓶颈后，提高瓶颈部分的效率，使之不再成为整个作业过程中的瓶颈，将瓶颈转移至作业过程的其他部分。

第五步：寻找下一个瓶颈。在将瓶颈转移后，原有瓶颈不再是瓶颈，此时要想再次提高作业效率、降低损耗、控制成本，就需要寻找作业过程中其他薄弱部分进行改善，寻找下一个突破口。

TOC 理论的五个核心步骤是一个循环往复的过程，在不断改善中提高企业的运营效率，有效控制企业成本。

（2）TOC 理论相关研究及运用的可行性。

TOC 理论最早是由以色列物理学家高德拉特提出。他认为，所有的生产环节都是环环相扣的，决定企业生产效率的是企业最薄弱的环节，而不是最强的环节，所以需要不断寻找企业的薄弱点，即“瓶颈”进行突破。

国内对于 TOC 理论的研究起步较晚，且多数运用于生产企业的流程管理。

谢佳佳（2014）运用 TOC 理论对我国物流行业进行剖析，得出了物流行业从业人员素质不高、响应慢等因素制约了我国物流行业发展的结论，并将物流行业与 TOC 理论结合起来，提出相关建议。

Davood（达伍德，2015）认为，TOC 理论可以帮助决策者在复杂的外部环境下对生产组合产品进行准确的判断，从而提高企业的利润。他们用实际案例证实了对成本的控制并非越低越好，而是要适合企业的生产需要，整体流程的优化才能使成本达到最优。

张伟（2015）将 TOC 理论与层次分析法相结合，开发出一套瓶颈识别系统。在系统的运行过程中，TOC 理论的瓶颈识别进一步验证了生产效率的最大阻碍不是单一方面因素造成的，而是综合多个因素产生的结果，只有平衡全部生产环节才能够获得最大收益。

张元庆（2017）以多品种小批量生产企业的排产为研究对象，运用TOC理论分析能使排产效率提高的因素，提出并联式排产能够有效减少各生产环节的滞留时间，同时能够减少下道工序的等待时间，提高在制品的流动性，从而有效缩短在制品的生产周期，提高企业的生产效率。TOC理论对于导致问题出现的诱因给予关注，深入挖掘产生问题的原因，而不只是停留在问题表面。

冷凯君（2017）等人将TOC理论与贝叶斯网络算法相结合，在供应链管理中提出了一种新的缓冲区设置方法。在对影响缓冲区的风险因素进行识别时，他们认为风险因素的划分对贝叶斯网络算法乃至最后缓冲区的设置都起着至关重要的作用。

TOC理论作为生产企业常用的提高效率的方法之一，在物流企业中运用较少，因为对于其深入性的缓冲区的设置在物流企业中并不适用，但是TOC理论中识别瓶颈—应用瓶颈—配合瓶颈—打破瓶颈—寻找下一个瓶颈的循环提高过程却是每一个企业都可以运用的，无论是否是生产企业，任何企业在发展过程中都会遇到瓶颈，其发现问题并克服问题的思路与TOC理论大同小异，故本书运用TOC理论的核心思想对物流成本控制进行优化是可行的。

在对物流成本控制进行优化的过程中也会在TOC理论的基础上进行相应的调整，让TOC理论的应用更加适合该物流企业的发展。

8.3 吉泰物流公铁联运现状分析

8.3.1 吉泰物流介绍

吉泰物流是目前国内具有较强铁路物流实力且开行铁路“五定班列”最多的大型第三方物流多式联运公司，其致力于构建公铁联运网络，以及企业物流供应链产品的开发、设计与服务，并且已经建立了遍布全国的营销服务网络。

吉泰物流在多式联运方面有着众多创新：首家包租开行“五定班列”的企业；首次利用铁路运价浮动，竞争铁路电器运输市场的企业；首个在珠海市建立“无轨车站”及首个拓展铁路运价浮动市场化的企业。

公司目前的主营业务是铁路多式联运、驮背运输、干线班列、快运班列、集装箱及整车物流、汽车运输专线、仓储配送、动产质押等以第三方物流产品为主的业务。本节主要研究的是吉泰物流在公铁联运方面的物流成本控制方案。

8.3.2 吉泰物流公铁联运的物流成本构成

吉泰物流全年货运量达500万吨，铁路运输班列15万次，在公铁联运方面有相当大的承运能力。

在对货物运输的成本进行分类总结前，要先了解现有的公铁联运计价模式，以便找出可能会产生成本的作业过程。现有的公铁联运计价模式共有两种。

第一种：代理费模式，企业报出公路卡车及铁路车皮费用，加上一定的代理费用，组成订单的费用。第二种：一口价模式，由客户直接确定每一个铁路车皮的费用。

对于这两种模式，无论哪一种都需要由以下六种费用组成，如表8－1所示。

表8－1　公铁联运费用组成

序号	费用名称	详细说明
1	订单处理费用	接受订单、打印单证、寻找运输车队的费用
2	车皮费用	铁路运输中的车皮费用
3	卡车费用	公路运输中的卡车费用
4	人工费用	货物装卸过程中产生的人工费用
5	包装费用	货物外围防止破损的防护物品的费用
6	赔偿费用	货物到站后发生异常情况需要赔偿的费用

根据表8-1所显示的费用组成，可进行调节的成本其实非常有限，车皮费用、卡车费用都是根据已有的国家规定进行支付，没有调节的可能；订单处理费用可根据是否使用无纸化电子订单进行缩减；车队的选择是固定的，无法调整；人工费用的支出根据人员数量的变化而变化，而且根据实际考察发现此部分费用支出并不在可控范围之内，因为吉泰物流所做的是货运代理，中间装卸货物的环节是由其所找的车队和火车站台人员负责的，包装费用的情况与此相同。因此，最终的可控成本只剩下赔偿费用，也就是货物出现异常情况，如晚点、破损、缺失等情况时的成本支出。

综上所述，鉴于正常的财务成本可调整范围有限，以及一些隐性的影响因素，如时间成本等无法体现出来，故使用作业成本法对吉泰物流的公铁联运成本进行分析。

8.3.3　基于作业成本法对吉泰物流公铁联运成本的分析

1. 作业成本法介绍

作业成本法是围绕作业展开的成本核算，是基于作业的成本管理方法。作业成本法在成本费用的归类和分配中需要识别并确定成本增加的驱动因素，也就是成本动因。企业需要确定资源动因，然后根据企业的业务流程确定作业成本中心，将各种资源消耗根据资源动因分配到各个作业成本中心，最终根据产品或服务所需要的作业动因将资源耗费分配到最终的产品或服务（成本对象）中。

简而言之，作业成本法就是找出资源动因，并根据资源动因将资源分配到作业成本中心，再根据作业动因将资源消耗分配至最终产品或者服务的方法，如图8-2所示。

图8-2　作业成本法原理

下面对作业成本法中涉及的作业和成本动因做出说明。

(1) 作业。

作业指在企业的某一特定组织中重复执行的任务或者活动，该组织既可以是企业的某个具体部门，也可以是成本中心或产品线。一项作业的划分可以具体到一项非常具体的活动，也可以泛指一类连续性的活动。特别是，当一系列相互关联的具体作业组合在一起时，则可以将其识别并确定为企业的作业中心。

(2) 成本动因。

成本动因指的是成本增加的驱动因素。例如，若是企业中作业人员的人数增加导致人工成本增加，那么人员数量就是人工成本的驱动因素，即人工成本的成本动因。成本动因在实际运用中分为资源动因和作业动因。

资源动因是导致成本对象成本增加的驱动因素，主要用来衡量各项作业的资源消耗量。作业动因是衡量企业最终提供的产品或服务所需要的作业量。作业动因主要衡量产品或服务消耗作业的情况，是作业成本法将资源耗费由作业中心分摊到最终成本对象的分配基础。

2. 识别作业中心

在对吉泰物流进行考察后，得出了现有的作业流程，如图 8－3 所示。

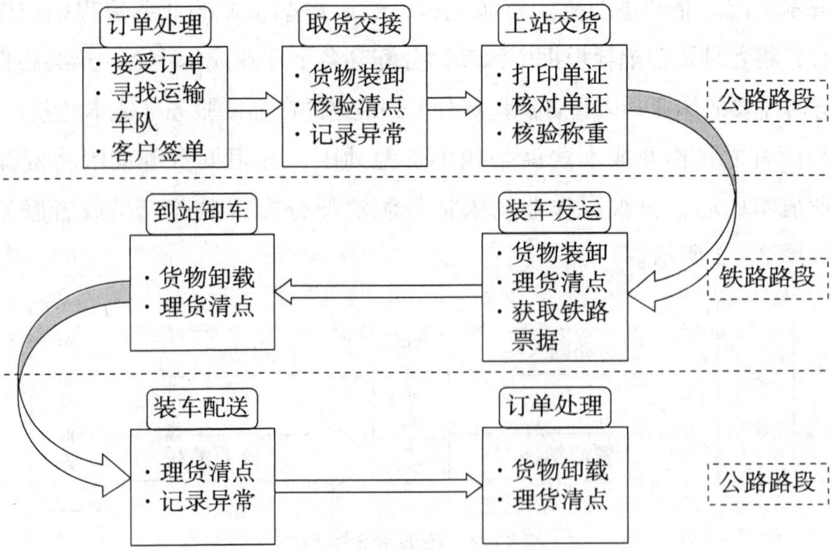

图 8－3　吉泰物流现有作业流程

图 8－3 中，“▢”表示作业流程，“□”表示作业（详细描述），“⇨”表示流程方向，“┆ ┆”表示作业路段。

根据此作业流程，找出相同作业后进行分类，可以得出作业中心，如表 8－2 所示。

表 8－2　吉泰物流作业中心

序号	作业中心	作业（详细描述）
1	订单处理	接受订单、寻找运输车队、打印单证、核对单证、客户签单
2	货物运输	货物装卸（卸载）、公铁运输转换（获取铁路票据）
3	货物检验	理货清点、核验清点（称重）、记录异常

3. 确定资源耗费

根据作业成本法，将各作业所消耗的资源列出，如表 8－3 所示。

表 8－3　吉泰物流资源耗费

序号	作业中心	资源消耗
1	订单处理	人工费用、管理费用
2	货物运输	人工费用、运输工具费用、管理费用
3	货物检验	人工费用、管理费用、失误费用

4. 明确资源动因

根据资源消耗寻找影响资源消耗的因素。

（1）人工费用和管理费用。

人工费用和管理费用都是由人员数量决定的，且随着人员数量的增加而增加。

（2）运输工具费用。

运输过程中卡车的费用与车皮的费用，随着货物运输量、运输体积以及运输时间的增加而增加。

（3）失误费用。

在运输过程中发生的延误晚点、提前到达、货物破损、数量缺失等都是失误费用，而失误费用并不能一概而论，对于不同的失误原因有不同的资源动因。

对于延误晚点、提前到达类型的失误，其资源动因为运输时间和货物运输量。若是延误晚点，则是根据时间的增加而增加对客户的赔付；若是提前到达，则没有赔付费用，而是要找空余的地方进行储存，根据时间提前的程度而增加仓储费用。

对于货物破损、数量缺失，其资源动因则是出现异常的货物数量。出现异常的货物数量越多，费用增加越多。

综上，所有的资源动因可以由表 8－4 表示。

表 8－4　　吉泰物流资源动因

资源消耗	资源动因
人工费用	人员数量
管理费用	人员数量
运输工具费用	货物运输量、货物运输时间、货物运输体积
失误费用	货物运输时间、货物运输量、异常货物数量

综合以上分析，可以得出表 8－5。

表 8－5　　吉泰物流各项作业时间动因

<table>
<tr><th>作业中心</th><th>作业（详细描述）</th><th>资源消耗</th><th>时间动因</th></tr>
<tr><td rowspan="4">订单处理</td><td>接受订单</td><td rowspan="5">人工费用
管理费用</td><td>人员数量</td></tr>
<tr><td>寻找运输车队</td><td>人员数量</td></tr>
<tr><td>打印单证</td><td>人员数量</td></tr>
<tr><td>客户签单</td><td>人员数量</td></tr>
<tr><td rowspan="5">货物运输</td><td>货物装卸（卸载）</td><td>人员数量</td></tr>
<tr><td rowspan="4">公铁运输转换
（获取铁路票据）</td><td rowspan="3">运输工具费用</td><td>货物运输量</td></tr>
<tr><td>货物运输时间</td></tr>
<tr><td>货物运输体积</td></tr>
<tr><td>管理费用</td><td>人员数量</td></tr>
<tr><td rowspan="5">货物检验</td><td>理货清点</td><td>人工费用</td><td>人员数量</td></tr>
<tr><td>核验清点（称重）</td><td>管理费用</td><td>人员数量</td></tr>
<tr><td rowspan="3">记录异常</td><td rowspan="3">失误费用</td><td>货物运输时间</td></tr>
<tr><td>货物运输量</td></tr>
<tr><td>异常货物数量</td></tr>
</table>

5. 基于作业成本法进行成本计算

为了使货物的运输时间不受运输距离的影响而产生变化，本书特意选取了吉泰物流某一特定线路上同一日内运输货物的数据进行成本计算，具体见表 8 -6。

表 8 -6　　吉泰物流 3 月 1 日货物运输情况

货品	发货时间	到货时间	运输量（件）	运输重量（吨）	人员数量（人）	异常货物量（件）	异常原因
货品 1	3 月 1 日 12：00	3 月 3 日 12：00	11	770	3	1	短少
货品 2	3 月 1 日 13：00	3 月 4 日 12：00	20	1400	3	1	破损
货品 3	3 月 1 日 17：00	3 月 4 日 12：00	18	1260	3	1	短少

资料来源：根据吉泰物流门到门环节交接现场记录改编。

为了使计算过程不会因为货物种类的差异而导致所选用的卡车与车皮的价格产生差异，所以选用的都是同一种货品，只是发货商与接货商不同，在其他方面争取做到完全相同，不因为个体的差异而影响计算，做到统一化。

从表 8 -6 中可以看到，在公铁联运方面，尤其是对类似于吉泰物流这样的货运代理企业而言，使用的不是自己的车队，在运输过程中也不需要雇用员工驾驶运输工具，更多是作为一种货物的委托方以及接受方，对于货物在运送途中发生的情况并没有自己的主动权，而是被动地进行货物的清点与异常记录。所以一旦出现了货物的异常情况，比如延误、货物破损等，作为货运代理虽然要承担责任，但是可能对实际产生异常情况的原因并不负主要责任，只是连带责任，故而在选择运输承运商时要非常谨慎，如果承运商在运输过程中发生了异常，无论是否是不可抗力导致，都会由货运代理赔偿损失，也就是表 8 -7 中的失误费用。

表 8 -6 中货品皆是由客户仓库取货后，经公路—铁路—公路，最后送达指定仓库。

根据表 8 -5 及吉泰物流的数据，假设每晚点一个小时要赔付 100 元晚点费用，汇总制成间接成本分类统计，如表 8 –7 所示。

表 8 –7　　吉泰物流 3 月 1 日间接成本分类统计　　单位：元

费用名称	货品 1	货品 2	货品 3
人工费用	300	300	300
管理费用	300	300	300
运输工具费用	38900	38900	38900
失误费用	2000	4300	3900

根据前文所说的作业成本法核算原理，可以得出如下公式：

$$\text{各项作业间接成本分配率} = \text{间接成本} \div \text{资源动因数} \tag{8-1}$$

$$\text{各项作业成本} = \text{各项作业间接成本分配率} \times \text{各项作业成本动因数} \tag{8-2}$$

综合可得：

$$\text{各项作业成本} = \frac{\text{间接成本} \times \text{各项作业成本动因数}}{\text{资源动因数}} \tag{8-3}$$

根据公式，可以计算出每一个作业所对应的作业成本。

（1）人工费用。

根据表 8 –6 及吉泰物流相关数据可知人工费用对应的各项作业的作业成本，如表 8 –8 所示。

表 8 –8　　吉泰物流 3 月 1 日货品 1 人工费用计算分配

作业名称	间接成本（元）	资源动因	间接成本分配率	动因数	作业成本（元）
订单处理	300	3	300/3 = 100	1	100
货物运输	300	3	300/3 = 100	1	100
货物检验	300	3	300/3 = 100	1	100

货品 2、货品 3 与货品 1 的人工费用计算分配相同，不再重复列举。

（2）管理费用。

根据表 8 –6 及吉泰物流相关数据可知管理费用对应的各项作业的作业成本，如表 8 –9 所示。

表 8－9　　吉泰物流 3 月 1 日货品 1 管理费用计算分配

作业名称	间接成本（元）	资源动因	间接成本分配率	动因数	作业成本（元）
订单处理	300	3	300/3＝100	1	100
货物运输	300	3	300/3＝100	1	100
货物检验	300	3	300/3＝100	1	100

货品 2、货品 3 与货品 1 的管理费用计算分配相同，不再重复列举。

（3）失误费用。

若将失误费用根据失误件数进行单位作业成本计算，则得出吉泰物流的作业成本，如表 8－10 至表 8－12 所示。

表 8－10　　吉泰物流 3 月 1 日货品 1 单位作业成本计算　　单位：元

作业名称	人工费用	管理费用	运输工具费用	失误费用	合计
订单处理	100	100	0	0	200
货物运输	100	100	3536. 4	0	3736. 4
货物检验	100	100	0	2000	2200
合计	300	300	3536. 4	2000	6136. 4

表 8－11　　吉泰物流 3 月 1 日货品 2 单位作业成本计算　　单位：元

作业名称	人工费用	管理费用	运输工具费用	失误费用	合计
订单处理	100	100	0	0	200
货物运输	100	100	1945	0	2145
货物检验	100	100	0	4300	4500
合计	300	300	1945	4300	6845

表 8－12　　吉泰物流 3 月 1 日货品 3 单位作业成本计算　　单位：元

作业名称	人工费用	管理费用	运输工具费用	失误费用	合计
订单处理	100	100	0	0	200
货物运输	100	100	2161. 1	0	2361. 1

续 表

作业名称	人工费用	管理费用	运输工具费用	失误费用	合计
货物检验	100	100	0	3900	4100
合计	300	300	2161.1	3900	6661.1

根据表8－10、表8－11、表8－12可以得出吉泰物流3月1日的单位作业成本，如表8－13所示。

表8－13　　吉泰物流3月1日单位作业成本　　单位：元

货品	单位作业成本	与最低成本差值
货品1	6136.4	0
货品2	6845	708.6
货品3	6661.1	524.7

在计算失误费用时，有由于延迟引起的失误和由于货品破损引起的失误，因此在计算失误费用时不可以仅凭失误件数来进行计算，若将失误费用根据失误时间进行单位作业成本计算，按照小时数计算，结果如表8－14至表8－16所示。

表8－14　　吉泰物流3月1日货品1单位作业成本计算　　单位：元

作业名称	人工费用	管理费用	运输工具费用	失误费用	合计
订单处理	100	100	0	0	200
货物运输	100	100	3536.4	0	3736.4
货物检验	100	100	0	41.7	241.7
合计	300	300	3536.4	41.7	4178.1

注：货品1失误时间为48小时。

表8－15　　吉泰物流3月1日货品2单位作业成本计算　　单位：元

作业名称	人工费用	管理费用	运输工具费用	失误费用	合计
订单处理	100	100	0	0	200
货物运输	100	100	1945	0	2145
货物检验	100	100	0	60.6	260.6
合计	300	300	1945	60.6	2605.6

注：货品2失误时间为71小时。

表 8－16　**吉泰物流 3 月 1 日货品 3 单位作业成本计算**　单位：元

作业名称	人工费用	管理费用	运输工具费用	失误费用	合计
订单处理	100	100	0	0	200
货物运输	100	100	2161.1	0	2361.1
货物检验	100	100	0	58.2	258.2
合计	300	300	2161.1	58.2	2819.3

注：货品 3 失误时间为 67 小时。

根据表 8－14、表 8－15、表 8－16 可以得出吉泰物流 3 月 1 日的单位作业成本，如表 8－17 所示。

表 8－17　**吉泰物流 3 月 1 日单位作业成本**　单位：元

货品	单位作业成本	与最低成本差值
货品 1	4178.1	1572.5
货品 2	2605.6	0
货品 3	2819.3	213.7

8.4　运用 TOC 理论对成本控制进行改善

8.4.1　识别瓶颈

根据上一节中的表 8－13 和表 8－17 可以看出，不同的资源动因对于单位作业成本的影响是较大的。当失误费用中的资源动因由失误件数改为失误时间时，货品 1、货品 2 和货品 3 之间最低单位作业成本的排序也发生了变化。如表 8－18 所示。

表 8－18　**不同资源动因引起的单位作业成本变化**　单位：元

货品	原单位作业成本	与最低成本差值	后单位作业成本	与最低成本差值	差值变化
货品 1	6136.4	0	4178.1	1572.5	1572.5
货品 2	6845	708.6	2605.6	0	－708.6
货品 3	6661.1	524.7	2819.3	213.7	－311.0

除了失误费用发生的变化引起了作业成本的变化，不同货品之间的运输工具费用也有着显著的差异，这是因为虽然是按照货物件数计算的运输工具费用，但是在实际操作过程中，如果货物数量未满一车也按照一车的价格计算，会对货物数量的控制产生影响，进而影响最终的货物成本。至此，共有两个较大可能影响成本控制的因素，未足一车货物数量与货物延迟时间。

（1）未足一车货物数量。

在表 8－18 中同时存在着货物数量与延迟时间的不同影响，所以为了明确究竟哪一个是最大瓶颈，本节将进行单一变量控制。

假设所有货物都准点到达且没有破损，此时可以得出货品 1、货品 2、货品 3 的单位作业成本，如表 8－19 所示。

表 8－19　　吉泰物流 3 月 1 日单位作业成本——无失误　　单位：元

货品	订单处理	货物运输	货物检验	合计	与最低成本的差值
货品 1	200	3736.4	200	4136.4	1591.4
货品 2	200	2145	200	2545	0
货品 3	200	2361.1	200	2761.1	216.1

据表 8－19 可见，由于未足一车货物数量的不同，导致了不同的单位作业成本。若以货品 2 为基准，货品 1 则少了 9 件（20－11），货品 3 则少了 2 件（20－18），相关公式如下。

$$p_z = \frac{a}{b} \times 100\% \qquad (8-4)$$

式中，p_z——未足一车货物数量影响率；

a——未足一车数量差之差；

b——作业成本与最低成本的差值之差。

根据公式可得出：

$$p_z = \frac{a}{b} = (9-2) / (1591.4-216.1) \times 100\% = 0.51\%$$

（2）货物延迟时间。

再次进行单一变量控制，假设所有的货品都装满了一车，出现了货物延迟情况，则可以得出表 8－20。

表 8－20　　吉泰物流 3 月 1 日单位作业成本——无未足一车情况　　单位：元

货品	订单处理	货物运输	货物检验	合计	与最低成本的差值
货品 1	200	2145	241.7	2586.7	0
货品 2	200	2145	260.6	2605.6	18.9
货品 3	200	2145	258.2	2603.2	16.5

若以货品 1 的到达时间为基准，则货品 2 慢了 23 小时（71－48），货品 3 慢了 19 小时（67－48）。相关公式如下。

$$p_t = \frac{t}{b} \times 100\% \tag{8-5}$$

式中，p_t ——货物延迟时间影响率；

t ——货物延迟时间差之差；

b ——作业成本与最低成本的差值之差。

根据公式可得出：

$$p_t = \frac{t}{b} = (23-19) / (18.9-16.5) \times 100\% = 166.67\%$$

综上所述，影响物流成本控制的最大瓶颈是货物延迟时间。

根据公铁联运的特性，在公路运输与铁路运输进行转换的过程中需要进行货物的装卸，由于不同承运商的货物装卸效率的差异，结合上述成本，可以看出装卸效率对货物延迟时间的影响。

采用作业成本法，将失误费用也当作运输费用的一部分，平摊到各个环节，再结合表 8－21，可以得出货物运输环节的时间作业成本，如表 8－22 所示。

表 8－21　　吉泰物流 3 月 1 日货物运输时间

货品	发货仓库发货时间	到达发货铁路站台时间	铁路站台发货时间	到达接收铁路站台时间	离开铁路站台时间	到达收货仓库时间
货品 1	3 月 1 日 12：00	3 月 1 日 13：00	3 月 1 日 14：00	3 月 3 日 10：00	3 月 3 日 11：30	3 月 3 日 12：00

续 表

货品	发货仓库发货时间	到达发货铁路站台时间	铁路站台发货时间	到达接收铁路站台时间	离开铁路站台时间	到达收货仓库时间
货品 2	3 月 1 日 13：00	3 月 1 日 14：00	3 月 1 日 14：30	3 月 4 日 10：00	3 月 4 日 11：00	3 月 4 日 12：00
货品 3	3 月 1 日 17：00	3 月 1 日 17：30	3 月 1 日 18：00	3 月 4 日 11：00	3 月 4 日 11：30	3 月 4 日 12：00

资料来源：根据吉泰物流门到门环节交接现场记录改编。

表 8 - 22　　吉泰物流 3 月 1 日货物运输环节时间作业成本

货品	货物运输时长（小时）	货物装卸时长（小时）	运输与失误费用之和（元）	运输费用时间作业成本（元）	装卸费用时间作业成本（元）	装卸费用与运输费用时间作业成本比（%）
货品 1	45.5	2.5	40900	38769.8	2130.2	5.5
货品 2	69.5	1.5	43200	42287.3	912.7	2.2
货品 3	66	1	42800	42161.2	638.8	1.5

由此可见，虽然货物延迟时间是影响物流成本控制的最主要因素，但是并不是通常意义上所想到的装卸时间的延误，而是在运输过程中由于运输时间过长而导致的成本的增加。因此，如果能够有效地掌控运输时间，使运输时间信息透明化，将会在很大程度上减少运输的失误成本。

8.4.2　应用瓶颈

根据已有数据（166.67%）可知，货物延迟时间对于物流成本的影响是巨大的，但是作为货运代理的吉泰物流，在运输过程中没有完全的自主权，所有的到货时间都是受承运商和外在因素影响，想要突破瓶颈存在一定的困难，但可以从以下两个方面应对。

（1）寻找合适的承运商。

无论是用传统算法进行成本计算还是用作业成本法进行计算，都可以发现，承运商直接影响交货时间。在公路段，如果公路承运商无法准时送达货品，赶不上已经预约好的火车，将会耽误货物的送达时间，使货运时间向后拖延一个运送周期；在铁路段，如果铁路设施出现故障，或者运送班次由于同线路运送班次过多出现拥堵而停滞，同样会引起运输的延迟。所以无论是公路运输还是铁路运输，寻找合适的承运商是非常重要的，可以根据以往的数据对承运商的各项指标进行赋值，然后得出各承运商的评分，从而选出最优承运商。

（2）建立自有车队。

作为有很大发展潜力的公铁联运公司，吉泰物流可以建立自有车队，确保在公路运输段不会因为雇用车队的延误而导致货物无法准时到达指定的货运站台，延误铁路段的运输时间。但是建立自有车队所花费的成本是否会影响整体的成本控制，还需要做进一步的成本计算才可以得知。

8.4.3　配合瓶颈

在以上两个措施的基础上，由于第二个措施可能会增加现有成本，与TOC理论的充分利用已有条件的思想相反，故只关注第一个措施。在承运商的选择方面，需要经过大量的数据统计和计算，对承运商的各项指标进行赋值和权重权衡，因此人力需要加强培训，收集相关的资料并与承运商保持良好的关系。如果出现急需运输的货物，也可以让承运商快速响应，保证吉泰物流的运输效率。

在减少延误时间的问题上，还应该注意货物装卸时间。承运商除了在运输过程中可能出现延误，在装卸货物时也可能出现延误，另外，员工的工作态度、货物的易碎程度及货物的装卸难度都可能影响货物的装卸时间。因此，在取货之前，吉泰物流应该与客户沟通如何对货物进行包装和搬运，了解清楚货物的性质，并在接到订单后及时与铁路部门沟通，看是否有合适的车皮可以装卸，是否有配套的搬运设备，从而降低装卸难度，缩短装卸时间和延迟时间。

8.4.4　打破瓶颈

在配合瓶颈阶段减少了货物延迟时间后，假设货品 2 与货品 3 都可以准时到达，此时，货品 2、货品 3 的失误费用相应减少，与货品 1 的失误费用相同。此时可计算货品 2、货品 3 节约的成本，如表 8 – 23 所示。

表 8 – 23　　吉泰物流单位作业成本——提高后

货品	订单处理（元）	货物运输（元）	货物检验（元）	合计（元）	原单位作业成本（元）	与原单位作业成本差距（元）	成本节约率（%）
货品 1	200	2145	241. 7	2586. 7	2586. 7	0	0
货品 2	200	2145	241. 7	2586. 7	2605. 6	18. 9	0. 73
货品 3	200	2145	241. 7	2586. 7	2603. 2	16. 5	0. 63

8. 4. 5　寻找下一个瓶颈

在提高了运输效率、减少了因延误引起的费用后，将现有成本数据代回成本计算中进行下一步控制变量，继续寻找可以打破的瓶颈。对于前文所说的货物延迟到货可能会成为影响成本控制的最大瓶颈，此时应该注意，不能仅靠上一步的计算结果进行判断，而应该再次重复所有计算过程，寻找可能会出现的新的影响因素，例如破损货物数量对成本控制的整体影响，以此类推，寻找下一个突破点。

8.5　总结

本章研究得出，影响吉泰物流成本控制的最主要因素是货物延迟时间。货物延迟到货会使成本增加，导致成本不可控，还会影响公司在客户心中的可信度，给日后的合作带来负面影响，因此，确保货物到达的准点率是运输过程中必须注意的。

对于货运代理公司这样不能够全程掌握运输过程的企业，挑选合适的承运商，减少延误可能带来的损失是突破瓶颈最好的选择。如果企业有足够的资金也可以考虑组建自有车队，并以此来保证货物运输的准点率。

根据对装卸时间与运输时间产生的作业成本的比较，可以看出，虽然装卸时间会对失误费用产生一定的影响，但是运输时间的长短才是真正决定是否延误的关键。国外铁路运输在私有化的情况下，做到对运输时长的全部掌控，不但能准时发运货物，而且因为信息透明可以提前得知运输线路是否会出现拥堵与停滞的情况，帮助企业合理安排运输时间，减少因为时间延误而产生的失误费用。在符合我国国情的情况下，希望各相关部门能够将当日的运输信息公开化，让企业有机会提前得知运输情况，以便企业提前安排运输货量，使产能最大化。

本章旨在找出货运代理公司成本控制方面的影响因素并加以改善，故选择了作业成本法这个可以探索各影响因素的方法进行成本的计算，以便能更好地寻找影响成本控制的因素。随着科技的发展，公铁联运的发展将会更好，日后可能会开通公铁联运的专属路线，从根本上解决公铁联运的延误问题，更好地控制企业成本。

9 中欧班列及物流节点选址

9.1 研究背景

“一带一路”（B&R）是“丝绸之路经济带”和“21 世纪海上丝绸之路”的简称，由习近平总书记于2013 年在访问中亚和东南亚国家期间提出。如今世界正在发生着复杂而深刻的改变，全球各国所面临的发展问题十分严峻，“一带一路”倡议是当今世界多极化、经济全球化和文化多样化大势所趋。此外，我国在现阶段的发展中，存在着产能和外汇资产过剩，油气和矿产资源对国外的依赖程度高、工业和基础设施普遍集中于沿海地区等问题。假如遭遇外部打击，极易丧失主动权，“一带一路”倡议的提出，为解决这些问题提供了新的有效方案。

中欧班列（CR Express）是由中国国家铁路集团有限公司（以下简称“国铁集团”）组织，按照固定车次、线路、班期和全程运行时刻开行，运行于中国与欧洲以及“一带一路”沿线国家间的铁路国际联运列车。亚欧之间的物流通道主要是由陆运、海运和空运这三条通道构成，中欧班列以其时间短、运量大、安全性高等特征，以及绿色低碳，不容易受自然环境影响的优势，逐渐成了国际物流运输中的最佳选择之一。随着中欧班列物流组织的日益成熟，沿线国家商贸往来的日益活跃，国家间有关部门合作的日益密切，中欧班列为铁路在“一带一路”倡议中创造了有利的条件，进一步促进了我国与沿线国家的往来与合作，同时也带动了我国中西部地区的发展。

中欧班列以其时间短、运量大、安全性高等特征和优势，逐渐成为国际物流与运输的最佳方式之一。此外，中欧班列的运输成本比航空运输低 65%，运输时间比海运短35%，这使得中欧班列在国际物流和运输中逐渐受到青睐。

通过对我国中欧班列开行现状进行分析，了解到中欧班列在获得发展机遇的同时，还存在一些问题。这主要包括返程运量的不足、运行时间的延迟、通关效率的低下、运行成本较高、班列间无序竞争，以及竞争力不足等问题。这些问题严重影响了我国中欧班列的常态化运营，制约着我国对外贸易的持续发展和在亚欧大陆中战略地位的稳步建立。

随着“一带一路”倡议的逐步建设，中欧班列不仅得到了许多国家的高度关注和积极响应，同时在一定程度上促进了中欧贸易的发展。中欧班列不仅在联通欧洲经济圈中发挥了关键作用，而且带动了我国中西部地区经济的发展。虽然中西部地区的城市纷纷开通中欧班列，但是大部分班列的货源不足，所以会通过在国内市场竞相压价来争抢货源，而在国际市场上却抬高运价，且各地政府的补贴现象严重。针对以上问题，如何改善班列间争抢货源，以便促进西部通道国内货源的合理分布，使西部通道的班列逐步实现常态化运行，是本章重点研究的问题。

9.2 “一带一路”区域发展的相关理论

9.2.1 物流节点选址的相关理论

1. 物流节点选址的概念

物流节点又被称为物流结点，是物流网络中连接物流线路的结节之处。广义上物流节点是指所有进行货物中转、集散和储运的节点，包括港口、空港、火车货运站、公路枢纽、大型公共仓库及现代物流（配送）中心、物流园区等。狭义上物流节点仅指现代物流意义上的物流（配送）中心、物流园区和配送网点。本节的物流节点特指中欧班列货运段物流节点，简称货源地节点。

物流节点选址是指在一个具有若干供应地和需求地的经济区域内，筛选出最佳的地址并设立节点的过程。最优的物流节点选址方案可以使货物从物流节点的集散，直到运输至需求点，最大限度满足全过程的效益最大化。

2. **物流节点选址的目标**

（1）物流成本最小化。

在物流节点选址时，成本最小化是最普遍的选址目标，其中与物流节点选址有关的成本主要来自建设成本、经营成本、运输成本、仓储成本和装卸成本等。根据实际问题的情况与要求，对影响物流节点选址的具体成本进行测算和分析，最终确定成本最小的物流节点。例如，对于运输成本来说，如果物流节点的选址合理，供应点到物流节点再到需求点的总距离会相对较短，此外运输成本还与运输方式和交通环境有关。

（2）物流服务最大化。

随着我国物流业的快速发展，物流业内部的竞争也越来越激烈，人们对物流服务水平的要求也越来越高。物流服务水平的指标通常是以能否最大限度上满足客户的需求为衡量标准，主要有速度、准时率和货运量等。例如，物流节点与需求地的距离越近，则送货时间越短，同时订货周期缩短，这也会使准时率提高。本章所要研究的是中欧班列西部通道上的货源分布问题，因此主要考虑西部通道货源地节点的货运量和辐射范围，以中欧班列的服务最大化为物流节点的选址目标。

3. **物流节点选址的基本原则**

（1）适应性原则。

物流节点的选址要力求与国家和各个省市的发展方针与政策相适应，与我国物流资源分布和需求情况相适应，与国民经济和社会发展总体水平相适应。

（2）协调性原则。

物流节点的选址应将所属的物流网络作为一个系统来考虑，根据现实不同的要求，使物流节点的设备和设施能够在多方面实现相互协调。

（3）经济性原则。

物流节点的选址需要考虑相关的成本，并结合不同的选址目标，主要包括建设成本及经营成本。若物流节点选址的位置不同，与物流活动相关的费用也会存在一定的差异。总之，应将物流节点选址的总成本最低作为经济性原则的主要内容。

（4）战略性原则。

物流节点的选址要有战略眼光，既要着眼于当前的实际需求，也要考虑到未来的发展需求。此外还要着眼于选址对全局的影响，以及对长远的影响，以便更好地为选址所要实现的目标服务。

4. 物流节点选址的影响因素

在研究物流节点选址的问题时，不仅要尽量符合上述四项原则，同时还要考虑到其他影响选址的因素。通过结合备选的物流节点并对影响物流节点选址的潜在因素进行分析，能够进一步确定符合要求的物流节点。影响物流节点选址的因素大体可以分为自然因素和社会因素。自然因素主要包括地形条件、地质条件、水文条件和气象条件等，社会因素主要包括政治因素、经济因素、基础设施因素和竞争因素等。

9.2.2 物流节点选址的方法

早期由区域地理学家和土地经济学家提出了有关选址问题的理论与方法。随着经济的发展，20世纪60年代欧美一些国家和日本开始对物流进行深入研究，运筹学的相关理论也被应用于物流网络中的选址问题的解决。物流节点的选址方法主要可以划分为两大类，分别是定性分析法和定量分析法。随着学者们对物流节点选址问题的深入研究，出现了定性分析与定量分析相结合的方法。

（1）定性分析法。

定性分析法主要是以物流节点选址的原则和影响因素为依据，通过专家或管理人员运用他们丰富的专业知识、工作经验及分析能力，对现有的物流节点按照不同的指标进行评价，再对不同的指标按照权重进行评分计算，最终选择满足条件的物流节点。定性分析法包括德尔菲法和头脑风暴法等。

（2）定量分析法。

定量分析法主要是以物流成本最低或物流服务最大化为原则，运用一定的数学理论对研究对象进行分析，用函数关系式表达出各变量之间的关系，为复杂的实际问题建立数学模型，再结合其他学科如运筹学或统计学的知识，通过模型求解得出最优的选址方案。考虑影响成本或服务的因素，形成了不同类型的选址模型和选址方法。根据选址的节点数量，可以划分为单一节点选址方法和多节点选址方法；根据选址的离散程度，可以划分为连续选址模型和离散选址模型。本章所研究的问题是以服务最大化为目标，运用多节点选址方法中的系统聚类法，对中欧班列西部通道货源地节点进行分析。

（3）定性分析与定量分析相结合的方法。

将定性分析与定量分析相结合来解决物流节点的选址问题，可以利用两种方法的各自优势。定性分析法在考虑因素的全面性上占优势，但是在成本、需求量等量化指标的准确性方面存在不足，定量分析法则恰恰相反。因此，将两者相结合，在定性分析求得考虑因素全面的基础上，辅以数学理论和模型的定量分析，能得出更为合理的选址方案。

9.2.3 物流节点选址的程序和步骤

进行物流节点选址时，可以分为7个步骤，如图9－1所示。

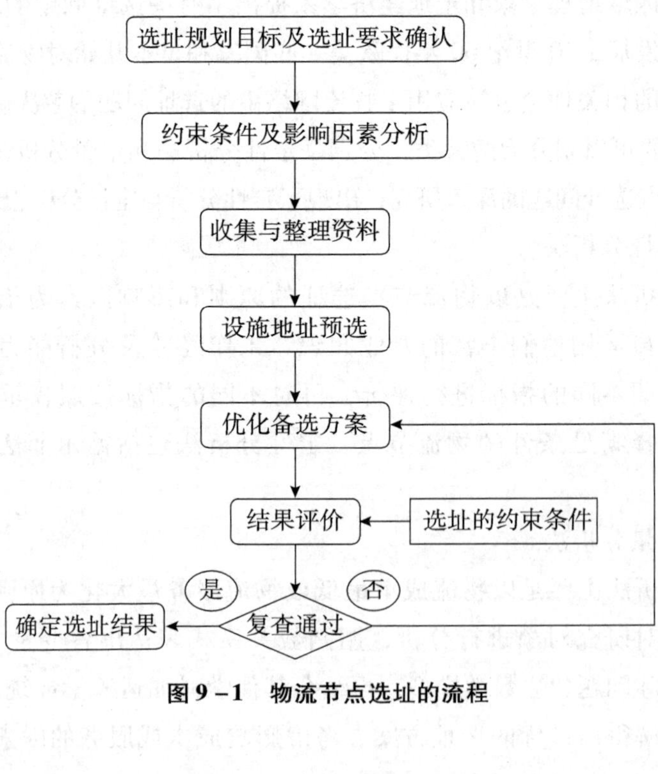

图9－1 物流节点选址的流程

（1）选址规划目标及选址要求确认。

（2）约束条件及影响因素分析。

（3）收集与整理资料。

（4）设施地址预选。

（5）优化备选方案。

（6）结果评价。

（7）复查和确定选址结果。

9.3 技术路线

本章将着眼于货源地节点过多的西部通道，从中欧班列西部通道国内货运段的现状入手，对西部通道现已开行班列的货运量进行统计，并运用系统聚类法分析，再通过断裂点理论计算货源地节点的辐射范围，据此对聚类结果进行优化，最终筛选出满足条件的货源地城市作为物流节点。通过建立满足需求的物流节点，不仅可以促进西部通道货源的合理分布，而且能改善各班列之间通过竞相压价争抢货源的现象，进一步减少各地政府对所属班列运行的补贴，从而降低各个班列的运行成本，使大部分中欧班列在未来能实现常态化运行，相关技术路线如图 9－2 所示。

9.4 中欧班列西部通道国内货运段现状分析

9.4.1 中欧班列的整体情况

自 2011 年 3 月 19 日，中欧班列“渝新欧”首次开行，经过新疆阿拉山口（霍尔果斯）口岸出境，这标志着铁路运输逐渐变为除空运和海运之外，促进亚欧大陆互联互通的第三种运输方式。如图 9－3 所示，自中欧班列开行以来，每年的开行数量呈现指数增长的趋势。根据国铁集团等有关部门的统计，截至 2017 年 12 月，中欧班列全年开行 3673 列，同比增长 116%，超过过去 6 年的开行数量总和，中欧班列已开通了 61 条运行线路，涵盖了国内的

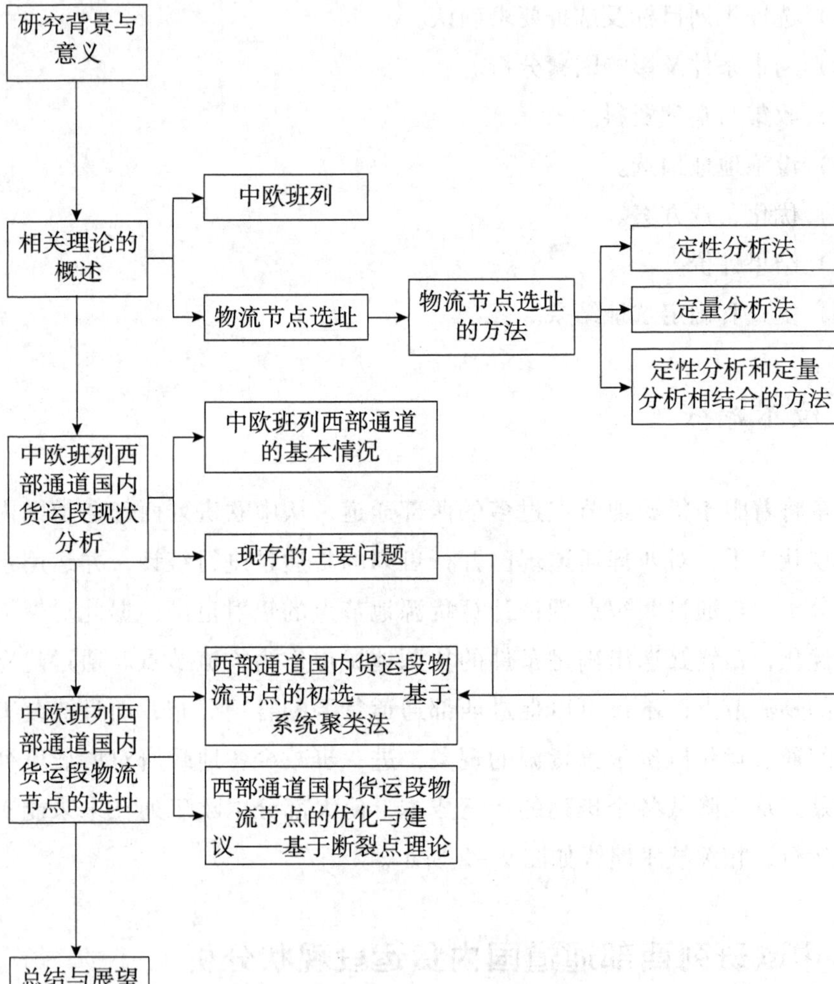

图 9－2　中欧班列选址研究技术路线

38 个城市以及欧洲 13 个国家中的 36 个城市，与 2016 年相比新增了 5 个沿线国家的 23 个城市。同时还规划了运行速度为每小时 120 千米的中欧班列专用运行线，使全程的运行时间从最初的 20 天以上逐渐缩减至 12 天左右。中欧班列的运行成本较开行初期有所降低，整体的运输费用下降了约 40%。此外中欧班列的货源种类也不断丰富，由手机、电脑等 IT 产品逐渐扩大至汽车整车及配件、服装鞋帽、日用品、食品、建材等品类，进一步强化了我国与沿线国家的经贸沟通与往来。2011—2017 年中欧班列开行数量统计如图 9－3 所示。

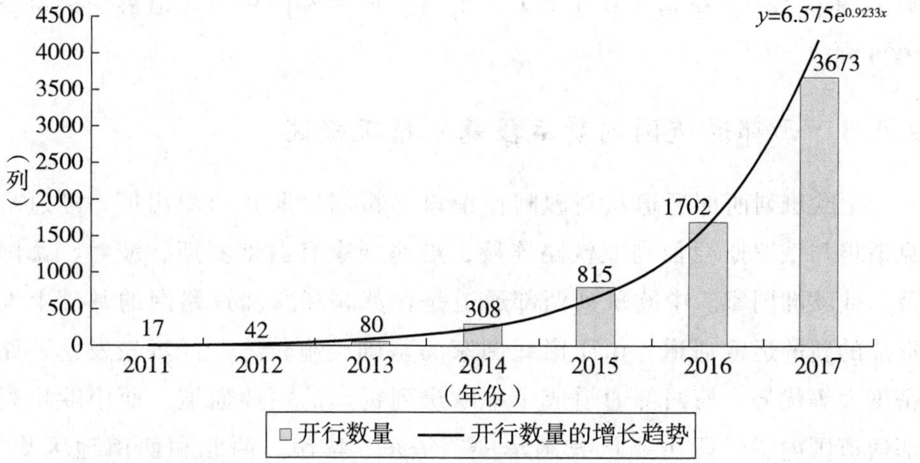

图 9－3 2011—2017 年中欧班列开行数量统计

资料来源：根据人民网新闻中的数据整理。

9.4.2 中欧班列的运输通道情况

自中欧班列开行以来，共有三条运输通道承担起业欧大陆经贸往来的桥梁作用，分别是西部通道、中部通道和东部通道。《中欧班列建设发展规划(2016—2020 年)》对中欧班列未来 5 年的建设发展任务进行了重点的规划与部署，同时在空间布局中明确了中欧班列的三条国际运输通道。其中西部通道是指我国中西部地区的货物，经由新疆阿拉山口（霍尔果斯）口岸出境的运输通道；中部通道是指我国华北地区的货物，经由内蒙古二连浩特口岸出境的运输通道；东部通道是指我国东南部沿海地区的货物，经由内蒙古满洲里（绥芬河）口岸出境的通道。

据阿拉山口、二连浩特和满洲里海关的有关统计，截至 2017 年 12 月，经由西部通道阿拉山口（霍尔果斯）口岸出入境的中欧班列累计突破 4500 列。其中 2017 年开行 1970 列，同比增长 75.4%，共运输 164663 TEU，货运量达到 89.48 万吨，同比增长 183.2%。2017 年经由中部通道二连浩特口岸出入境的中欧班列为 575 列，同比增长 246.4%，共运输 48700 TEU。截至 2017 年 12 月，经由东部通道满洲里（绥芬河）口岸出入境的中欧班列累计开行 2000 余列，其中 2017 年开行 1302 列，同比增长 25.68%，货值为56.8亿美元，创造了历史新高，并且已经连续两年出入境班列数量突破1000列。

9.4.3 西部通道国内货运段基本情况概述

中欧班列西部通道从新疆阿拉山口（霍尔果斯）口岸出境，经过哈萨克斯坦与俄罗斯西伯利亚铁路连接，沿途国家有白俄罗斯、波兰、德国以及其他欧洲国家。中欧班列西部通道是在苏联和欧洲铁路网的基础上发展形成的新的运输通道，由于沿线国家的基础设施较好、经济较发达、路网密度大等优势，使西部通道成了中欧班列货运的主要通道。而中欧班列西部通道国内货运段主要从我国华中、华东、华南、西北和西南地区集货，主要的货源地城市有重庆、成都、郑州、武汉、义乌、合肥、东莞、西安和兰州等，再通过陇海和兰新等干线运输至阿拉山口（霍尔果斯）口岸出境。

通过在互联网的搜索和整理得出，截至2017年底，经西部通道出境的主要中欧班列有38条，其中有10条中欧班列线路已经实现了常态化运行，分别是“渝新欧”“汉新欧”“蓉欧”“郑新欧”“粤新欧”“合新欧”“义新欧”“兰州号”“长安号”和“新丝路号”国际班列。经由西部通道阿拉山口（霍尔果斯）口岸出境的主要中欧班列信息（截至2017年12月）如附录A附表2所示。

9.5 中欧班列西部通道国内货运段现存的主要问题

在提出“一带一路”倡议以来，全球已有100多个国家和众多国际组织积极地参与和支持，其中“一带一路”的相关内容还被联合国大会、联合国安全理事会等组织纳入了重要决议之中。为了更好地落实“一带一路”，国家又陆续出台了相关的发展政策。2015年3月28日，国家发展改革委、外交部、商务部联合发布的《推动共建丝绸之路经济带和21世纪海上丝绸之路的愿景与行动》中提出要建立中欧通道铁路运输、口岸通关协调机制，打造“中欧班列”品牌，建设沟通境内外、连接东中西的运输通道。2016年10

月，《中欧班列建设发展规划（2016—2020 年）》出台，对中欧班列五年内的建设与发展进行了规划。

自 2011 年 3 月“渝新欧”班列成功开行以来，逐步打通了中欧之间的贸易通道，促进了我国与沿线国家的经贸往来，并且以其速度快、运距短和安全性高等优势，受到了业界人士的广泛关注。截至 2017 年底，中欧班列的开行数量已经达到了 3600 多列，超出了 2011—2016 年的开行数量总和。虽然中欧班列的开行给我国一些城市带来了发展，但是在此过程中逐渐暴露出一些问题。随着班列数量的不断增加，出现了各个班列通过竞相压价争抢货源、各地政府对当地班列补贴过多等问题。这种不良现象不仅干扰了正常的市场机制，而且在一定程度上阻碍了中欧班列的常态化运行。

本节通过对我国中欧班列目前开行状况的总结与分析，再结合西部通道的具体情况，总结了制约中欧班列常态化运行的三个主要问题。

9.5.1 货源方面的问题

中欧班列开行城市的货源不足且分散已经成为阻碍中欧班列常态化运行的一大问题。近年来，随着中欧班列的开行数量呈现指数爆发式增长，开行城市的货源难以满足班列的需求，一些城市为了争抢货源，不惜压低班列的价格。由于有些城市的班列开行频率较低，当地的企业不惜先通过公路运输将货物运输到班列开行频率较高的重庆、武汉和郑州等城市，更甚者将沿海地区海运的货源吸引过来，这样不仅增加了货物的运输成本，而且造成了铁路运力的不合理分配。

9.5.2 组织方面的问题

在现已开通中欧班列的城市中，大多数班列都是由当地政府独立运营的，当地政府为了促进中欧班列的发展，进一步带动当地的经济增长，在吸引货源时强行融入一些非市场化的因素，比如政府的补贴。这样不仅加剧了班列之间的货源竞争，而且严重干扰了正常的市场调节机制，同时也在一定程度上阻碍了班列的常态化运行。此外，由于班列组织的相对独立性，使我们在与其他国家的铁路、海关等部门的谈判中，没有充分的优势，难以得到国外段铁路运营商的重视和通关的便利。

9.5.3 布局方面的问题

由于我国中欧班列的运输组织模式呈现轴幅式的特点，《中欧班列建设发展规划（2016—2020年）》在2016年10月出台。其中按照班列“干支结合、枢纽集散”的组织方式，在内陆货源地、主要铁路枢纽、沿边陆路口岸节点等地规划了一批中欧班列枢纽节点，西部通道的枢纽节点如表9－1所示。又由于多数班列的运行线路重叠或相似，内陆货源节点的集货种类也相当类似且相距较近，从布局的科学性来看，选择的枢纽节点较多，难以起到理想的集散作用。

表9－1　　中欧班列西部通道国内现已规划的枢纽节点

内陆主要货源地节点	主要铁路枢纽节点	沿边陆路口岸节点
重庆	郑州（郑州北）	阿拉山口
成都	合肥（合肥东）	霍尔果斯
郑州	武汉（武汉北）	—
武汉	重庆（兴隆场）	
义乌	成都（成都北）	
合肥	西安（新丰镇）	
东莞	兰州（兰州北）	
西安	乌鲁木齐（乌西）	
兰州	—	

通过对以上问题的分析，本节将依据《中欧班列建设发展规划（2016—2020年）》中的内陆主要货源地节点，对中欧班列西部通道国内货运段20个货源地节点（数据截至2017年12月）进行分析，通过建立有关的聚类指标，利用系统聚类法和断裂点理论，筛选出符合条件的物流节点城市，结果如表9－2所示。

表 9-2　　符合条件的中欧班列西部通道国内货源地节点

符合条件的货源地节点	符合条件的货源地节点
重庆（兴隆场）	乌鲁木齐（乌西）
武汉（吴家山）	贵阳（改貌）
成都（青白江）	库尔勒
郑州（圃田）	石河子（天业）
东莞（石龙）	兰州（兰州北）
合肥（合肥北）	西宁
义乌（义乌西）	格尔木
昆明（王家营）	临汾（侯马）
厦门	西安（新筑）
长沙（霞凝）	深圳（盐田港）

9.6 中欧班列西部通道国内货运段物流节点的初选——基于系统聚类法

9.6.1 系统聚类法

1. 系统聚类法的原理

系统聚类法是将所研究的每个对象看作单独的一类，计算它们在某个指标下的相似程度或距离，把相似程度大的或者距离最近的两类就近归为一类，然后将该指标内每一类的相似程度计算出来，再次进行聚合，直到最后将所有的类别聚合为一类。在这个过程中我们能够清楚地了解所有研究对象从最小类到最大类的整个过程，这样我们就可以根据问题的需要，确定所要的类别数，只需要选择该过程中的一个结果即可。设有 n 个研究对象，在 q 项指标下进行聚类，其研究对象矩阵如下。

$$\boldsymbol{X} = \begin{pmatrix} x_{11} & x_{12} & \cdots & x_{1q} \\ x_{21} & x_{22} & \cdots & x_{2q} \\ \vdots & \vdots & \ddots & \vdots \\ x_{n1} & x_{n2} & \cdots & x_{nq} \end{pmatrix} \tag{9-1}$$

其中 x_{ij}（$i=1,\cdots,n$；$j=1,\cdots,q$）为研究对象是第 i 个，指标是第 j 个的相关数据。x_i 是第 i 个研究对象在矩阵 $\boldsymbol{X}$ 中第 i 行所表示的，即任意两个研究对象 x_1 与 x_2 之间的相似性都可以在矩阵 $\boldsymbol{X}$ 相应的行中表示出来；x_j 是第 j 个指标在矩阵 $\boldsymbol{X}$ 中第 j 列所表示的，即任意两个变量 x_1 与 x_2 的相似性都可以在矩阵 $\boldsymbol{X}$ 对应的列中刻画出来。

2. 系统聚类法的步骤

第一步：对研究对象之间的距离进行确定，即点与点之间的距离。

第二步：使每个研究对象各自成为一个类别。

第三步：再对类与类之间的距离进行测定，并使距离最近的两类合并为一类，类的个数减 1。

第四步：如果目前类别的个数大于 1，则转至第三步；若相反则继续第五步。

第五步：结束聚类的过程。

3. 点间距离的度量方法

点间距离的度量方法包括欧氏距离、欧氏距离平方、明氏距离、切比雪夫距离、绝对距离和满足不同使用者需求的自定义距离等。研究对象之间的距离越小，则表示它们的相似程度越大。另外，还可以通过定义它们之间的相关系数——皮尔森相关系数和变量矢量的余弦来进行度量，相关系数越大则表示它们的相似程度越接近。

具体数学公式如下所示，其中，x_{aj}、x_{bj} 为研究对象，它们之间的距离记为 $d(x_a,x_b)$。

（1）欧氏距离：

$$d(x_a,x_b)=\sqrt{\sum_{j=1}^{p}(x_{aj}-x_{bj})^2} \tag{9-2}$$

（2）欧氏距离平方：

$$d(x_a,x_b)=\sum_{j=1}^{p}(x_{aj}-x_{bj})^2 \tag{9-3}$$

（3）明氏距离：

$$d(x_a,x_b)=\sum_{j=1}^{p}\sqrt[q]{|x_{aj}-x_{bj}|^q} \tag{9-4}$$

（4）切比雪夫距离：

$$d(x_a, x_b) = \max_{1 \leqslant j \leqslant p} |x_{aj} - x_{bj}| \tag{9-5}$$

（5）绝对距离：

$$d(x_a, x_b) = \sum_{j=1}^{p} |x_{aj} - x_{bj}| \tag{9-6}$$

（6）自定义距离：

$$d(x_a, x_b) = \sum_{j=1}^{p} \sqrt[r]{|x_{aj} - x_{bj}|^q} \tag{9-7}$$

（7）皮尔森相关系数：

$$d(x_a, x_b) = \frac{\sum_{j=1}^{p} (x_{aj} - \overline{x}_a)(x_{bj} - \overline{x}_b)}{\sqrt{\sum_{j=1}^{p} (x_{aj} - \overline{x}_a)^2 \cdot \sum_{j=1}^{p} (x_{bj} - \overline{x}_b)^2}} \tag{9-8}$$

（8）变量矢量的余弦：

$$\cos(x_a, x_b) = \frac{\sum_{j=1}^{p} x_{aj} \cdot x_{bj}}{\sqrt{\sum_{j=1}^{p} x_{aj}{}^2 \cdot \sum_{j=1}^{p} x_{bj}{}^2}} \tag{9-9}$$

4. 类间距离的度量方法

类是指研究对象的集合，类与类之间的距离一般用类中某些特殊点之间的距离确定。在SPSS（统计产品与服务解决方案）软件中有五种常用的系统聚类法，分别是最长距离法、最短距离法、平均连接法、重心法和离差平方和法。

（1）最长距离法：在两个不同的类中，对研究对象之间最长的距离进行定义的方法。最长距离法弥补了最短距离法的缺点，但是两个类聚合形成新的一类后，与其他类之间的距离反而加大了。

（2）最短距离法：在两个不同的类中，任意一类中的研究对象到另一类中的研究对象间的距离是最短的。该方法的缺点是有连接聚合的趋势，因此该方法的实际使用频率不高，效果也不是很好。

（3）平均连接法：对两个类中所有的研究对象进行求平均的方法，不再受两个单独的特定研究对象之间的距离限制。该方法朝着方差较小的类进行聚合，这种方法在实际中被广泛认可，效果比较好。

（4）重心法：将两个不同类的重心作为划分和聚合的依据，某一类的重心就是该类内所有研究对象在每个变量上的平均值所表示的点。重心法一般采用的是欧氏距离，受到特殊点的影响很少，其不足之处是聚合的两类之间的距离有可能会比上一次的距离要小。

（5）离差平方和法：其核心思想是研究对象的离差平方和在同类间是最小的，不同类间是较大的。聚类过程首先是使每个研究对象各自成为一类，使离差平方和增加最小的两类聚合为一类，直到把所有的研究对象聚合成一类即停止。

由于使用不同的系统聚类法会产生不同的结果，结合上述五种方法的差异性，本节将选择现实研究效果较好的平均连接法和离差平方和法进行对比分析，其中点间距离的度量方法选择应用较为广泛且不易受特殊点影响的欧氏距离。

具体数学公式如下。

（1）最长距离法：

$$D_{ab} = \max\{d_{ij}\}, x_i \in G_a, x_j \in G_b \tag{9-10}$$

（2）最短距离法：

$$D_{ab} = \min\{d_{ij}\}, x_i \in G_a, x_j \in G_b \tag{9-11}$$

（3）平均连接法：

$$D_{ab}^2 = \frac{1}{n_a n_b}\sum_i \sum_j d_{ij}^2 \text{ , } D_{ec}^2 = \frac{n_a}{n_c}D_{ea}^2 + \frac{n_b}{n_c}D_{eb}^2 \tag{9-12}$$

（4）重心法：

$$D_{ab} = d(\bar{X}_a, \bar{X}_b) \tag{9-13}$$

（5）离差平方和法：

$$D_{ec}^2 = \frac{n_e + n_a}{n_e + n_c}D_{ea}^2 + \frac{n_e + n_b}{n_e + n_c}D_{eb}^2 - \frac{n_e}{n_e + n_c}D_{ab}^2 \tag{9-14}$$

式中，d_{ij} ——类 G_a 的任意研究对象 x_i 与类 G_b 的任意研究对象 x_j 之间的距离；

$\bar{X}_a$ ——类 G_a 研究对象的均值；

$\overline{X}_b$ ——类 G_b 研究对象的均值；

D_{ab} ——类 G_a 与类 G_b 之间的距离；

D_{ea}, D_{eb}—— 类 G_e 、类 G_a 与类 G_b 合并而成的新类；

D_{ec}——任意其他类 G_e 到类 G_c 的距离。

9.6.2 建立基于系统聚类法的选址指标

由于本部分是为解决西部通道国内货运段货源等问题而进行物流节点选址研究，因此将货源地节点的货运量作为系统聚类分析的指标。货运量是指在一定时间段内某个货源地节点实际运输的货物数量，能够反映出该货源地节点的实际物流能力，也能够作为中欧班列服务能力的衡量指标之一。因此，对中欧班列西部通道国内货运段物流节点的初步选址分析，首先考虑货源地节点的货运量，再通过对 20 个货源地节点的货运量进行系统聚类研究，将具有相同或相似货运量的节点聚合为一类。

截至 2017 年底，经由西部通道出境的中欧班列主要有 30 条，分别从我国 20 个城市始发。由于各条班列的开行时间和发展程度存在差异，所以本部分将对 2017 年中欧班列西部通道货源地节点的货运量进行统计分析。根据相关数据进行统计和整理，得出了 2017 年中欧班列西部通道货源地节点的货运量统计，如表 9 - 3 所示。

表 9 - 3　　2017 年中欧班列西部通道货源地节点的货运量统计　　单位：TEU

货源地节点	货运量
重庆（兴隆场）	29835
武汉（吴家山）	16875
成都（青白江）	39870
郑州（圃田）	21150
东莞（石龙）	5490
合肥（合肥北）	3150
义乌（义乌西）	7560
昆明（王家营）	2295

续 表

货源地节点	货运量
厦门	4635
长沙（霞凝）	8865
乌鲁木齐（乌西）	31500
贵阳（改貌）	4545
库尔勒	600
石河子（天业）	4500
兰州（兰州北）	4905
西宁	1000
格尔木	250
临汾（侯马）	350
西安（新筑）	7470
深圳（盐田港）	750

资料来源：中欧班列的运行公司网站、当地的政府网站和相关的新闻数据。

9.6.3 中欧班列西部通道国内货源地节点的系统聚类分析

根据2017年中欧班列西部通道货源地节点的货运量统计，通过SPSS系统聚类法对以上个案进行聚类，根据货运量筛选出相似的货源地节点。

利用平均连接法和离差平方和法分别进行系统聚类分析，得出个案处理摘要，如表9－4所示，其说明了两次参加SPSS系统聚类分析共有20个有效个案，无缺失个案，总个案数为20个。

表9－4　　个案处理摘要

有效		缺失		总计	
个案数（个）	百分比（%）	个案数（个）	百分比（%）	个案数（个）	百分比（%）
20	100.00	0	0.00	20	100.00

注：使用欧氏距离。

聚类成员表和谱系图将聚类的过程和结果展现出来，如表9－5、图9－4

和表9－6、图9－5所示。聚类成员表反映了20个货源地节点，从10个聚类到2个聚类的聚类过程，其中每行的数字表示某个货源地节点在聚类过程中类的变化情况，每列相同的数字表示聚为相同的一类，最大的数字表示最大的聚类数。而谱系图更直观地将整个聚类过程展现出来，谱系图的横坐标表示重新标度的距离聚类组合，即各类间的相对距离，纵坐标表示研究个案，即20个货源地节点。

表9－5　　使用平均连接法的聚类成员

个案	10个聚类	9个聚类	8个聚类	7个聚类	6个聚类	5个聚类	4个聚类	3个聚类	2个聚类
重庆（兴隆场）	1	1	1	1	1	1	1	1	1
武汉（吴家山）	2	2	2	2	2	2	2	2	1
成都（青白江）	3	3	3	3	3	3	3	1	1
郑州（圃田）	4	4	4	4	4	2	2	2	1
东莞（石龙）	5	5	5	5	5	4	4	3	2
合肥（合肥北）	6	6	6	5	5	4	4	3	2
义乌（义乌西）	7	7	7	6	6	5	4	3	2
昆明（王家营）	6	6	6	5	5	4	4	3	2
厦门	5	5	5	5	5	4	4	3	2
长沙（霞凝）	8	7	7	6	6	5	4	3	2
乌鲁木齐（乌西）	9	8	1	1	1	1	1	1	1
贵阳（改貌）	5	5	5	5	5	4	4	3	2
库尔勒	10	9	8	7	5	4	4	3	2
石河子（天业）	5	5	5	5	5	4	4	3	2
兰州（兰州北）	5	5	5	5	5	4	4	3	2
西宁	10	9	8	7	5	4	4	3	2
格尔木	10	9	8	7	5	4	4	3	2
临汾（侯马）	10	9	8	7	5	4	4	3	2
西安（新筑）	7	7	7	6	6	5	4	3	2
深圳（盐田港）	10	9	8	7	5	4	4	3	2

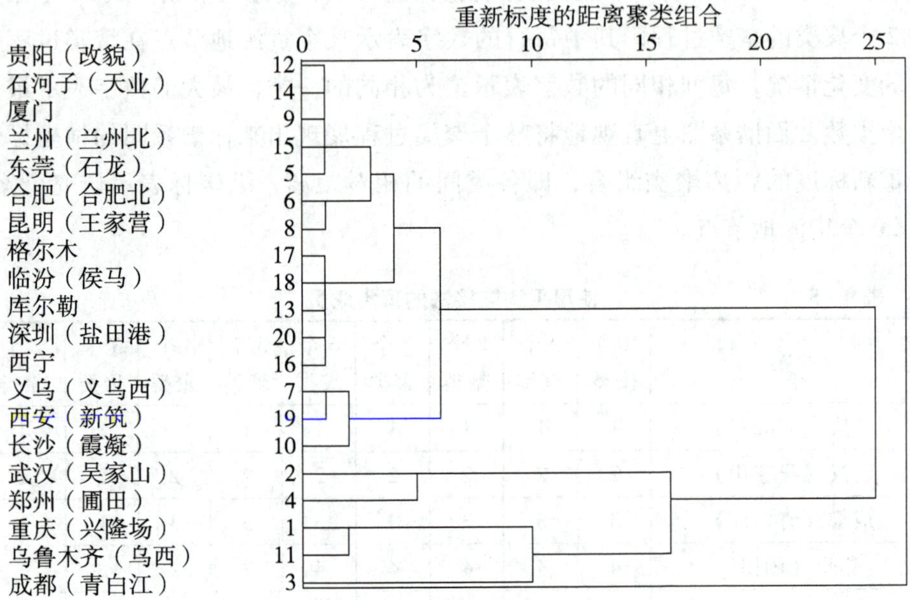

图 9-4　使用平均连接法的谱系图

表 9-6　　　　使用离差平方和法的聚类成员

个案	10个聚类	9个聚类	8个聚类	7个聚类	6个聚类	5个聚类	4个聚类	3个聚类	2个聚类
重庆（兴隆场）	1	1	1	1	1	1	1	1	1
武汉（吴家山）	2	2	2	2	2	2	2	2	1
成都（青白江）	3	3	3	3	3	3	1	1	1
郑州（圃田）	4	4	4	4	2	2	2	2	1
东莞（石龙）	5	5	5	5	4	4	3	3	2
合肥（合肥北）	6	6	6	5	4	4	3	3	2
义乌（义乌西）	7	7	7	6	5	4	3	3	2
昆明（王家营）	6	6	6	5	4	4	3	3	2
厦门	5	5	5	5	4	4	3	3	2
长沙（霞凝）	8	7	7	6	5	4	3	3	2
乌鲁木齐（乌西）	9	8	1	1	1	1	1	1	1

续　表

个案	10个聚类	9个聚类	8个聚类	7个聚类	6个聚类	5个聚类	4个聚类	3个聚类	2个聚类
贵阳（改貌）	5	5	5	5	4	4	3	3	2
库尔勒	10	9	8	7	6	5	4	3	2
石河子（天业）	5	5	5	5	4	4	3	3	2
兰州（兰州北）	5	5	5	5	4	4	3	3	2
西宁	10	9	8	7	6	5	4	3	2
格尔木	10	9	8	7	6	5	4	3	2
临汾（侯马）	10	9	8	7	6	5	4	3	2
西安（新筑）	7	7	7	6	5	4	3	3	2
深圳（盐田港）	10	9	8	7	6	5	4	3	2

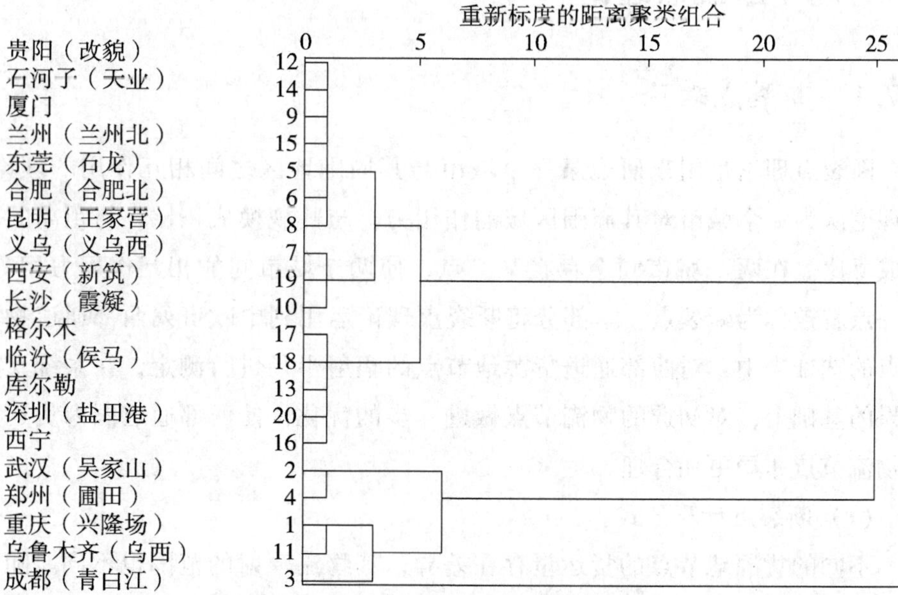

图9-5　使用离差平方和法的谱系图

注：在SPSS软件中，离差平方和法又称瓦尔德法或沃德法。

通过分别运用平均连接法和离差平方和法，对20个货源地节点的货运量进行了系统聚类分析，经过对聚类成员表和谱系图的对比分析可以发现，当货源地节点聚合为2个聚类时，这两种方法都将成都、重庆、乌鲁木齐、武汉和郑州聚为一类，其余15个货源地节点聚为一类；当货源地节点聚合为3个聚类时，这两种方法都将成都、重庆和乌鲁木齐聚为一类，武汉和郑州聚为一类，其余的15个货源地节点聚为一类。

由于此次系统聚类分析是按照不同货源地节点货运量大小的相似程度进行的，结合物流节点选址的目标与要求，现初步选取成都、重庆、乌鲁木齐、武汉和郑州这5个货运量相对较大的货源地节点作为中欧班列西部通道国内货运段的物流节点。为使物流节点的选址更加合理化，下文将运用断裂点理论对以上结果进行优化。

9.7 西部通道国内货运段物流节点的优化与建议——基于断裂点理论

9.7.1 断裂点理论

断裂点理论是用来研究某一个城市与其周围地区之间相互作用的理论。该理论认为一个城市对其周围区域的作用力，与其规模成正比，与距离的平方成反比。在两个城市间会存在某一点，使两个城市间的相互作用力相等，这一点就被称为断裂点。本部分将断裂点理论运用到中欧班列西部通道物流节点的选址当中，对西部通道货源地节点的辐射半径进行测定，在系统聚类结果的基础上，对初选的物流节点做进一步的优化，使西部通道国内货运段的物流节点布局更加合理。

（1）断裂点计算公式。

不同的货源地节点的货运量存在差异，其物流辐射的范围也不同。随着货源地节点间的距离增加，对其他节点的影响将会减弱，最终将会被另一个货源地节点取代。

假设一个货源地节点 i 的周边是货源地节点 j，货源地节点 i 到货源地节

点 j 的断裂点记为点 k ，根据断裂点的计算公式，可以计算出货源地节点 i 和货源地节点 j 到断裂点 k 的距离。断裂点公式如下。

$$L_{ik} = \frac{L_{ij}}{1 + \sqrt{\frac{M_j}{M_i}}} \tag{9-15}$$

式中，L_{ik} ——货源地节点 i 到断裂点 k 的距离；

L_{ij} ——货源地节点 i 到货源地节点 j 的距离；

M_i 、M_j ——货源地节点 i 和货源地节点 j 的货运量。

（2）场强计算公式。

断裂点理论中的场是指货源地节点的物流作业能力对周围区域的辐射范围，场强则是对这种辐射力大小的衡量。某一个货源地节点对另一个货源地节点的场强计算公式如下。

$$F_{ik} = \frac{M_i}{L_{ik}^2} \tag{9-16}$$

式中，F_{ik} ——货源地节点 i 到断裂点 k 的场强。

（3）辐射半径计算公式。

根据断裂点计算公式和场强计算公式，可以求得货源地节点的辐射半径，辐射半径计算公式如下。

$$R'_{ik} = \sum_{k=1}^{n-1} L_{ik} \cdot \frac{F_{ik}}{\sum_{k=1}^{n-1} F_{ik}} \tag{9-17}$$

式中，R'_{ik} ——货源地节点 i 对周围地区的辐射半径。

9.7.2　系统聚类分析结果的优化

根据断裂点理论，以及中欧班列西部通道货源地节点间的距离（见附录A中附表1所示），得出了货源地节点 i 、货源地节点 j 与断裂点 k 之间的距离，货源地节点 i 、货源地节点 j 到断裂点 k 的场强以及货源地节点的辐射半径，如表9－7、表9－8和表9－9所示。

依据表9－9货源地节点的辐射半径，中欧班列西部通道国内的货源吸引范围为西北、西南、华中、华南和华东地区，利用ArcGIS软件可以绘制中欧

表 9－7　货源地节点 i、货源地节点 j 与断裂点 k 之间的距离　单位：千米

i	j									
	重庆	武汉	成都	郑州	东莞	合肥	义乌	昆明	厦门	长沙
重庆	0. 00	497. 13	156. 31	552. 13	1543. 77	1246. 86	1473. 34	701. 45	1788. 19	673. 10
武汉	373. 87	0. 00	684. 64	252. 89	677. 54	824. 69	616. 42	1426. 82	664. 66	227. 85
成都	180. 69	1052. 36	0. 00	782. 83	1843. 08	1559. 62	1568. 85	887. 15	2091. 79	1164. 77
郑州	464. 87	283. 11	570. 17	0. 00	1059. 96	465. 39	703. 44	1872. 26	1055. 08	545. 10
东莞	662. 23	386. 46	683. 92	540. 04	0. 00	1038. 99	737. 07	1335. 52	827. 58	342. 62
合肥	405. 14	356. 31	438. 38	179. 61	787. 01	0. 00	176. 92	1671. 37	540. 44	204. 66
义乌	741. 66	412. 58	683. 15	420. 56	864. 93	274. 08	0. 00	1849. 16	545. 15	415. 29
昆明	194. 55	526. 18	212. 85	616. 74	863. 48	1426. 63	1018. 84	0. 00	1023. 08	535. 17
厦门	704. 81	348. 34	713. 21	493. 92	760. 42	655. 56	426. 85	1453. 92	0. 00	298. 79
长沙	366. 90	165. 15	549. 23	352. 90	435. 38	343. 34	449. 71	1051. 83	413. 21	0. 00
乌鲁木齐	1405. 32	2087. 27	1423. 97	1692. 31	3300. 94	2829. 30	2729. 05	3249. 02	3582. 70	2549. 50
贵阳	108. 92	448. 94	244. 08	585. 96	743. 19	1132. 87	808. 83	373. 55	914. 49	395. 98
库尔勒	396. 44	635. 54	376. 76	502. 37	1264. 38	1259. 99	965. 13	1501. 81	1433. 83	833. 84
石河子	791. 64	1301. 21	732. 29	1034. 11	2311. 20	2043. 38	1888. 82	2470. 62	2396. 66	1627. 58
兰州	303. 78	603. 54	304. 33	385. 83	1354. 26	1017. 00	1031. 01	1349. 15	1554. 19	889. 36
西宁	170. 53	353. 57	187. 31	252. 73	851. 91	681. 48	640. 34	852. 51	768. 18	581. 53
格尔木	160. 43	301. 44	162. 75	218. 97	671. 98	595. 65	506. 84	737. 99	713. 56	450. 19
临汾	93. 62	141. 87	76. 50	66. 34	425. 36	295. 50	292. 34	634. 43	513. 25	241. 52
西安	263. 47	419. 50	254. 36	190. 48	1177. 52	605. 68	783. 65	1249. 45	1173. 57	674. 36
深圳	179. 41	203. 71	112. 17	277. 64	20. 51	451. 57	328. 63	503. 77	131. 38	192. 43

续 表

i	j									
	乌鲁木齐	贵阳	库尔勒	石河子	兰州	西宁	格尔木	临汾	西安	深圳
重庆	1367.68	279.08	2795.56	2038.36	749.22	931.47	1752.57	864.38	526.53	1131.59
武汉	1527.73	865.06	3370.46	2519.79	1119.46	1452.43	2476.56	985.13	630.50	966.29
成都	1602.03	722.92	3071.24	2179.71	867.67	1182.69	2055.25	816.50	587.64	817.83
郑州	1386.69	1264.04	2982.63	2241.89	801.17	1162.27	2014.03	515.66	320.52	1474.36
东莞	1378.06	816.81	3824.62	2552.80	1432.74	1996.09	3149.02	1684.64	1009.48	55.49
合肥	894.70	943.13	2887.01	1709.62	815.00	1209.52	2114.35	886.50	393.32	925.43
义乌	1336.95	1043.17	3425.87	2448.18	1279.99	1760.66	2787.16	1358.66	788.35	1043.37
昆明	876.98	265.45	2937.19	1764.38	922.85	1291.49	2236.01	1624.57	692.55	881.23
厦门	1374.30	923.51	3985.17	2432.34	1510.81	1653.82	3072.44	1867.75	924.43	326.62
长沙	1352.50	553.02	3205.16	2284.42	1195.64	1731.47	2680.81	1215.48	734.64	661.57
乌鲁木齐	0.00	2893.79	365.55	97.97	1355.66	1419.99	2221.13	2068.01	1712.88	4042.26
贵阳	1099.21	0.00	3231.78	1650.60	1049.12	818.21	1924.62	1070.06	431.64	1777.81
库尔勒	50.45	1174.22	0.00	166.64	569.81	785.69	1931.94	1772.35	620.30	2300.25
石河子	37.03	1642.40	456.36	0.00	996.56	1142.45	2494.94	1846.14	1185.54	3409.20
兰州	535.34	1089.88	1629.19	1040.44	0.00	148.81	853.35	455.36	302.59	2009.30
西宁	253.01	383.79	1014.31	538.55	67.19	0.00	553.33	655.31	234.12	1603.94
格尔木	197.87	451.38	1247.06	588.06	192.65	276.67	0.00	933.94	266.31	1399.32
临汾	217.99	296.94	1353.65	514.86	121.64	387.69	1105.06	0.00	56.41	959.07
西安	834.12	553.36	2188.70	1527.46	373.41	639.88	1455.69	260.59	0.00	1640.83
深圳	623.74	722.19	2571.75	1391.80	785.70	1389.06	2423.68	1403.93	522.62	0.00

表 9－8　货源地节点 i、货源地节点 j 到断裂点 k 的场强

i	j									
	重庆	武汉	成都	郑州	东莞	合肥	义乌	昆明	厦门	长沙
重庆	0. 000	0. 121	1. 221	0. 098	0. 013	0. 019	0. 014	0. 061	0. 009	0. 066
武汉	0. 121	0. 000	0. 036	0. 264	0. 037	0. 025	0. 044	0. 008	0. 038	0. 325
成都	1. 221	0. 036	0. 000	0. 065	0. 012	0. 016	0. 016	0. 051	0. 009	0. 029
郑州	0. 098	0. 264	0. 065	0. 000	0. 019	0. 098	0. 043	0. 006	0. 019	0. 071
东莞	0. 013	0. 037	0. 012	0. 019	0. 000	0. 005	0. 010	0. 003	0. 008	0. 047
合肥	0. 019	0. 025	0. 016	0. 098	0. 005	0. 000	0. 101	0. 001	0. 011	0. 075
义乌	0. 014	0. 044	0. 016	0. 043	0. 010	0. 101	0. 000	0. 002	0. 025	0. 044
昆明	0. 061	0. 008	0. 051	0. 006	0. 003	0. 001	0. 002	0. 000	0. 002	0. 008
厦门	0. 009	0. 038	0. 009	0. 019	0. 008	0. 011	0. 025	0. 002	0. 000	0. 052
长沙	0. 066	0. 325	0. 029	0. 071	0. 047	0. 075	0. 044	0. 008	0. 052	0. 000
乌鲁木齐	0. 016	0. 007	0. 016	0. 011	0. 003	0. 004	0. 004	0. 003	0. 002	0. 005
贵阳	0. 383	0. 023	0. 076	0. 013	0. 008	0. 004	0. 007	0. 033	0. 005	0. 029
库尔勒	0. 004	0. 001	0. 004	0. 002	0. 000	0. 000	0. 001	0. 000	0. 000	0. 001
石河子	0. 007	0. 003	0. 008	0. 004	0. 001	0. 001	0. 001	0. 001	0. 001	0. 002
兰州	0. 053	0. 013	0. 053	0. 033	0. 003	0. 005	0. 005	0. 003	0. 002	0. 006
西宁	0. 034	0. 008	0. 029	0. 016	0. 001	0. 002	0. 002	0. 001	0. 002	0. 003
格尔木	0. 010	0. 003	0. 009	0. 005	0. 001	0. 001	0. 001	0. 000	0. 000	0. 001
临汾	0. 040	0. 017	0. 060	0. 080	0. 002	0. 004	0. 004	0. 001	0. 001	0. 006
西安	0. 108	0. 042	0. 115	0. 206	0. 005	0. 020	0. 012	0. 005	0. 005	0. 016
深圳	0. 023	0. 018	0. 060	0. 010	1. 783	0. 004	0. 007	0. 003	0. 043	0. 020

续 表

i	j									
	乌鲁木齐	贵阳	库尔勒	石河子	兰州	西宁	格尔木	临汾	西安	深圳
重庆	0.016	0.383	0.004	0.007	0.053	0.034	0.010	0.040	0.108	0.023
武汉	0.007	0.023	0.001	0.003	0.013	0.008	0.003	0.017	0.042	0.018
成都	0.016	0.076	0.004	0.008	0.053	0.029	0.009	0.060	0.115	0.060
郑州	0.011	0.013	0.002	0.004	0.033	0.016	0.005	0.080	0.206	0.010
东莞	0.003	0.008	0.000	0.001	0.003	0.001	0.001	0.002	0.005	1.783
合肥	0.004	0.004	0.000	0.001	0.005	0.002	0.001	0.004	0.020	0.004
义乌	0.004	0.007	0.001	0.001	0.005	0.002	0.001	0.004	0.012	0.007
昆明	0.003	0.033	0.000	0.001	0.003	0.001	0.000	0.001	0.005	0.003
厦门	0.002	0.005	0.000	0.001	0.002	0.002	0.000	0.001	0.005	0.043
长沙	0.005	0.029	0.001	0.002	0.006	0.003	0.001	0.006	0.016	0.020
乌鲁木齐	0.000	0.004	0.236	3.282	0.017	0.016	0.006	0.007	0.011	0.002
贵阳	0.004	0.000	0.000	0.002	0.004	0.007	0.001	0.004	0.024	0.001
库尔勒	0.236	0.000	0.000	0.022	0.002	0.001	0.000	0.000	0.002	0.000
石河子	3.282	0.002	0.022	0.000	0.005	0.003	0.001	0.001	0.003	0.000
兰州	0.017	0.004	0.002	0.005	0.000	0.222	0.007	0.024	0.054	0.001
西宁	0.016	0.007	0.001	0.003	0.222	0.000	0.003	0.002	0.018	0.000
格尔木	0.006	0.001	0.000	0.001	0.007	0.003	0.000	0.000	0.004	0.000
临汾	0.007	0.004	0.000	0.001	0.024	0.002	0.000	0.000	0.110	0.000
西安	0.011	0.024	0.002	0.003	0.054	0.018	0.004	0.110	0.000	0.003
深圳	0.002	0.001	0.000	0.000	0.001	0.000	0.000	0.000	0.003	0.000

表 9－9　　货源地节点的辐射半径　　单位：千米

货源地节点	辐射半径	货源地节点	辐射半径
重庆	1567.20	乌鲁木齐	1085.05
武汉	832.14	贵阳	274.27
成都	1621.75	库尔勒	28.88
郑州	1076.45	石河子	185.90
东莞	266.31	兰州	371.63
合肥	214.48	西宁	116.53
义乌	348.30	格尔木	19.10
昆明	101.20	临汾	51.55
厦门	192.17	西安	500.35
长沙	532.58	深圳	93.20

班列西部通道国内货源地节点的辐射范围。

按照我国地理区划进行分析，华东地区货源地节点中的辐射范围排名为义乌＞合肥＞厦门；华中地区的排名为郑州＞武汉＞长沙；华南地区的排名为东莞＞深圳；西北地区的排名为乌鲁木齐＞西安＞兰州＞石河子＞西宁＞库尔勒＞格尔木；西南地区的排名为成都＞重庆＞贵阳＞昆明；西部通道货源地节点在华北地区只涉及临汾，根据中欧班列在西部通道的实际运行路线，在考虑物流节点的选址时，将临汾并入西北地区进行考虑，则西北地区的排名为乌鲁木齐＞西安＞兰州＞石河子＞西宁＞临汾＞库尔勒＞格尔木。对我国整体进行分析，乌鲁木齐的辐射范围可以涵盖我国西北的部分地区，而成都和重庆能够弥补乌鲁木齐未辐射的范围，它们的辐射范围还涵盖了华东地区、华中地区、华北的主要地区、华南地区以及西南的主要地区。

9.7.3　物流节点的选址建议

根据系统聚类法的初选结果，再结合断裂点理论分析，可以选定乌鲁木齐作为中欧班列西部通道国内货运的物流节点之一。再比较成都和重庆，虽然成都的辐射范围比重庆广，但是重庆海关加入了“安智贸”项目①和“关铁通”项目②，如果西南或华南地区的货物先在重庆集结再运输至阿拉山口（霍尔果斯）口岸，不仅可以提升中欧班列在国内和国外的通关效率，而且可以进一步缩短中欧班列的运行时间。因此，建议选择重庆作为中欧班列西部通道国内货运段的物流节点之一。

此外，考虑到实际的运输情况，如果华中和华东部分地区的货物先运送到重庆，再运输到阿拉山口（霍尔果斯）口岸出境，无疑会增加中欧班列的运输距离，因此需要在华中和华东地区设置一个物流节点。根据系统聚类法和断裂点理论的分析结果，选取郑州作为华中和华东地区的物流节点。同时，乌鲁木齐对货源的辐射范围即集货范围不能触及西宁、兰州、西安和临汾，因此需要在西北地区筛选出另外的物流节点。根据系统聚类法和断裂点理论的分析结果，选取兰州和西安作为西北地区的另外两个物流节点。

最终，通过系统聚类法的分析和断裂点理论的优化，在 20 个货源地节点中，筛选出了乌鲁木齐、重庆、郑州、兰州和西安作为中欧班列西部通道国内货运段的物流节点。

由于现在大多数的中欧班列为点对点直达班列，除个别沿海地区会采用铁海联运的方式，货源地节点的集货能力和班列的满载率无疑会影响班列的开行频率和运行时间。通过在西部通道国内货运段设置物流节点，在点对点直达班列的基础上，可以发展中转班列。当货源地节点的货源不足时，可以将货物先运输至物流节点城市进行集结，再运往阿拉山口（霍尔果斯）口岸出境。这样不仅可以缩短中欧班列集货所用的时间，提升中欧班列的服务效率，还能够推进中欧班列的统一与合作，促进西部通道国内货源的合理分布，减少争抢货源以及政府过度补贴的现象。

---

① “安智贸”项目：该项目全称为“中欧安全智能贸易航线试点计划”，旨在通过海关之间、海关与企业之间的合作，完善中国与欧盟之间贸易供应链安全与便利的规则，建立安全、便利、智能化的国际贸易运输链。

② “关铁通”项目：该项目全称为“海关—铁路运营商推动中欧班列安全和快速通关伙伴合作计划”，加入该项目后，进口国海关读取测试集装箱上加挂的安全智能锁来查验图像和数据，不再实施开箱侵入式查验，进一步促进了中欧班列的通关效率。

总之，通过在西部通道国内货运段设置合理的物流节点，可以进一步优化货源地节点的布局，改善中欧班列在货源、组织和布局等方面的问题，为今后中欧班列彻底实现常态化运行助力。

9.7.4 中欧班列西部通道的总结与展望

本章首先通过对中欧班列的发展现状进行总结和分析，规划出研究的主要内容和方向——中欧班列西部通道国内货运段物流节点的选址。其次，通过收集和了解相关文献和理论，制定出具体的研究方法及理论——系统聚类法和断裂点理论。再次，通过对中欧班列和西部通道进行具体的分析，找出了中欧班列运行中主要的问题。又次，在对主要问题进行分析之后，确定作为货源地节点的货运量和辐射范围，即把追求服务最大化作为选址的依据。最后，运用系统聚类法和断裂点理论，筛选出乌鲁木齐、重庆、郑州、兰州和西安作为中欧班列西部通道国内货运段的物流节点。

之前大部分有关中欧班列的研究只是停留在宏观层面，主要是对中欧班列的发展现状或问题进行总结与分析，并提出相应的解决措施，有关微观层面的具体问题研究不太多。本章的创新点是在宏观层面对中欧班列的发展现状和问题进行总结，在微观层面对西部通道国内货源地节点的货运量和辐射范围进行分析，并通过在西部通道国内货运段建立物流节点，进一步解决中欧班列面临的主要问题，从而促进中欧班列未来的常态化运行。

10 总结与展望

我国公路、铁路、水运等基础建设近年来发展较快，航空与管道运输也在稳定发展，因此地区运输成本主要受高货运周转量的影响保持在较高水平，单位运价低于物流业发达地区，如美国纽约都市圈和日本东京都市圈。从京津冀地区公路、铁路、水运、航空及管道运输的基础设施来看，其与美国纽约都市圈及日本东京都市圈基础设施相比还有继续提升的空间。京津冀地区物流产业的发展，需要在21世纪大数据时代背景下，逐渐完善企业物流。

要坚持绿色物流发展理念，积极推进交通运输节能减排和污染综合防治；制定绿色交通发展制度体系框架；推广交通运输重点节能低碳技术和产品；实施绿色公路和绿色港航建设典型示范工程，在港口、机场等重点领域推进电能的发展，在水运行业继续推广液化天然气船舶的应用，推进原油、成品油、码头油气回收工作的进行；严格执行交通运输装备排放标准，推进汽车检测与维护（I/M）制度建设，在京津冀地区开展试点示范；加强珠三角、长三角、环渤海及长江等水域船舶污染排放控制；开展船舶与港口污染防治专项行动，实施沿海集中整治。

无人机快递是传统物流的一个转折点，同时也是智慧物流的开端，代表了未来物流的发展趋势，它具有高度信息化、自动化的特点，同时在配送领域也会变得更加迅捷、高速。这些配送特点都会减少人力成本及时间成本。无人机快递作为物流行业一个热门且前沿的课题，对突破目前我国快递行业的瓶颈具有重要意义，可以推广到更多偏远的地区，提高配送效率。就本书研究所获得的结果，我们仍然可以选择将其推广到应急物流、冷链物流等其他物流领域。

物流作业成本作为国际物流企业间接成本的范畴，对其整个物流成本核算影响较大，而且通过估时作业成本法分析物流作业成本，将其分摊至具体的业务、客户、订单等上面，可以细化成本核算类目，有助于将国际物流企业物流客户成本与企业内部分摊成本进行结合分析。对内，可以找到产能浪费或利用不充分之处，优化和规范工作流程和业务流程；对外，一是准确核算物流作业成本有助于国际物流企业进行合理的物流服务定价，二是合理分摊物流客户成本有利于企业管理者的决策和对客户的选择与管理，从而建立规范的客户服务体系。

我们了解到 K + N 货运代理公司在华北至欧洲地区陆空联运上的发展较缓慢，但若该公司能够适应市场的发展需求，可以在一定程度上通过陆空联运增强企业的竞争力。本书通过对陆空联运模式的细化分析得出，除了单纯的公路—航空这种多式联运模式外，还可结合铁路运输来实现多种运输模式相结合的陆空联运。经过分析发现，从微观方面出发，阻碍华北至欧洲地区陆空联运发展的因素除了政策限制外，还有 K + N 货运代理公司的联运物流网络布局规模较小，且自身并没有重视陆空联运所带来的优势和利益。K + N 货运代理公司若要通过多式联运模式来提高企业的竞争力，应该先从自身出发，精细化管理，优化华北地区货物的中转环节，缩短报关时间、减少装卸及拆装动作。另外做到中转站内的精细化管理和物流信息化管理是 K + N 货运代理公司未来优化华北至欧洲地区陆空联运的主要发展方向。从宏观方面出发，K + N 货运代理公司应该在华北地区适当结合铁路运输，采用陆空路联运模式，充分发挥华北地区发达的铁路布局网络优势，适当用铁路运输代替公路运输以提高陆空联运的时效性，降低 K + N 货运代理公司的运输成本。通过采用以上所述的优化方法，可以有效地改进 K + N 货运代理公司现阶段陆空联运存在的问题，以拓展 K + N 货运代理公司的陆空联运路径与模式，提高服务水平，降低运输成本，提升企业形象。

“渝新欧”班列成功开行以来，中欧之间的贸易通道逐步被打通，促进了我国与沿线国家的经贸往来，并且以其速度快、运距短和安全性高等优势，受到了业界人士的广泛关注。2017 年中欧班列的开行数量已经达到了 3600 多列，超出了 2011—2016 年的开行数量总和。虽然中欧班列的开行给我国一些城市带来了发展机会，但是在此过程中逐渐暴露出一些问题。随着班列数量的不断增加，出现了各班列通过竞相压价争抢货源、各地政府对当地班列补贴过多等现象。这种不良现象不仅干扰了市场机制的正常运行，而且在一定程度上阻碍了中欧班列的常态化运行。本书着眼于货源地节点过多的西部通道，从中欧班列西部通道国内货运段的现状入手，对西部通道现已开行班列的货运量进行统计，并运用系统聚类法分析，再通过断裂点理论计算出货源地节点的辐射范围，据此对聚类结果进行优化，最终筛选出满足条件的货源地城市作为物流节点。建立满足需求的物流节点，不仅促进了西部通道货源的合理分布，而且改善了各班列之间竞相压价争抢货源的问题，进一步减少各地政府对所属班列运行的补贴，从而降低各班列的运行成本，使大部分中欧班列未来能够实现常态化运行。

参考文献

[1] 孔繁钰，李献忠，翟长旭．城市物流通道布局理论与方法研究[M]. 北京：经济科学出版社，2016.

[2] 赵光辉．“十三五”时期中国交通服务战略展望[J]. 改革与战略，2015，31（5）：70－76.

[3] 邓旭东，谢杰．基于断裂点理论的湖北省物流园区网络体系研究[J]. 物流技术，2015，34（3）：180－182.

[4] 丁于思，李雪，高阳．多周期多目标再制造物流网络设施动态选址研究[J]. 管理学报，2014，11（3）：428－433.

[5] SIPAHI S，TIMOR M. The analytic hierarchy process and analytic network process：an overview of applications [J]. Management Decision，2010，48（5）：775－808.

[6] 陆化普，隋亚刚，郭敏，等．城市道路混合交通流分析模型与方法[M]. 北京：中国铁道出版社，2009.

[7] 宋志刚，赵启兰．制造集团公司物流资源整合问题研究[J]. 北京交通大学学报（社会科学版），2014，13（2）：1－7.

[8] 黄定政，黄剑炜．应急物流信息资源整合的推进策略[J]. 中国流通经济，2014，28（5）：46－49.

[9] 翟丽丽，赵聚洁．第三方中小型物流企业资源整合模式[J]. 商业研究，2010（2）：163－165.

[10] 王非，时榛，贾涛．我国物流集聚区功能整合模式研究[J]. 统计与决策，2011（5）：48－50.

[11] 马晓燕．我国物流资源整合模式研究[J]. 社会科学家，2011（9）：92－95.

[12] XIE Y Y, LIANG X Y, MA L J, et al. Empty container management and coordination in intermodal transport [J]. European Journal of Operational Research, 2017, 257 (1): 223－232.

[13] 王爱虎，陈群．欧洲内河水运可持续发展历程解析——多式联运时代[J]. 华南理工大学学报（社会科学版），2015，17（2）：1－12.

[14] 崔艳萍，孙春华．美国多式联运的发展及启示[J]. 铁道运输与经济，2014，36（9）：76－80.

[15] 姜旭．日本物流[M]. 北京：中国财富出版社，2018.

[16] 林鹰．无人机进军空中快递业[J]. 交通与运输，2014，20（1）：41－42.

[17] 王琰．无人机快递服务系统构建和技术优化研究[J]. 长春大学学报，2016，26（12）：81－85，98.

[18] 吴刚，周斌，杨连康．国内外民用无人机行业发展回顾与展望[J]. 经济研究导刊，2016（12）：160－162.

[19] 李志锋，谢如鹤，邱祝强．我国医药物流发展现状及其模式选择[J]. 物流技术，2008（6）：9－11.

[20] 李志．我国医药物流成本存在的问题及对策分析[J]. 价格理论与实践，2007（11）：25－26.

[21] [美] 罗伯特·S. 卡普兰，史蒂文·R. 安德森．估时作业成本法：简单有效的获利方法[M]. 陈宇学，黎来芳，译．北京：商务印书馆，2010.

[22] 杨静蕾，郭瑞．时间驱动的作业成本法在城市配送服务定价中的应用研究[J]. 物流技术，2009，28（8）：76－79，83.

[23] 张红国，王晓燕．时间驱动作业成本法在企业物流成本核算中的应用[J]. 财会通讯，2010（2）：134－135.

[24] 郑尔璇，王敏．例解估时作业成本法在第三方物流企业成本控制中的应用[J]. 财会月刊，2017（4）：52－57.

[25] 秦珊珊．估时作业成本法在电子商务企业的运用[J]. 财会通讯，

2017（14）：62－65.

［26］谢佳佳．基于TOC理论的我国快递业服务质量探究［J］．物流技术，2014，33（5）：243－245.

［27］张伟．基于TOC理论的瓶颈识别及优化策略［D］．杭州：浙江理工大学，2015.

［28］刘秉镰，林坦．国际多式联运发展趋势及我国的对策研究［J］．中国流通经济，2009，23（12）：17－20.

［29］王娟，刘作义．新时期我国铁路集装箱运输发展策略［J］．集装箱化，2005（1）：13－15.

［30］张文静．发展多式联运对我国经济社会的贡献研究［D］．北京：对外经济贸易大学，2017.

［31］黄娟．多式联运组织构建与利益分配研究［D］．成都：西南交通大学，2018.

［32］何素华．供应链视角下的企业物流成本控制研究［J］．中国商贸，2011（18）：123－124.

［33］王佳妮．汽车制造业ATD公司物流成本控制研究［D］．大连：大连理工大学，2018.

［34］韩雪．中欧班列开行方案研究［D］．北京：北京交通大学，2017.

［35］杨扬，黄蓉，喻庆芳．一带一路战略下的跨境冷链物流节点选址优化研究［J］．物流工程与管理，2017，39（10）：1－5.

［36］刘蒙蒙，高更君．基于双层规划的中欧班列集配中心选址研究［J］．广西大学学报（自然科学版），2017，42（5）：1810－1816.

［37］王沛，张晓东，郎茂祥，等．铁路物流中心多目标分层选址优化模型及算法［J］．北京交通大学学报，2016，40（4）：53－59.

［38］李利华，符卓，胡正东．连续型物流设施选址的区间决策模型及算法［J］．铁道科学与工程学报，2011，8（6）：107－113.

［39］程赐胜，蒲云虎，高慧．基于离散粒子群算法的城市物流节点选址模型［J］．长沙理工大学学报（自然科学版），2008（2）：20－24.

［40］张树，朱莲美．基于层次分析法的煤炭物流节点选址方法研究［J］.

南京理工大学学报，2015，39（3）：301－305.

［41］艾小玲，郭洪涛．城市物流节点综合选址方法研究[J]. 物流技术，2009，28（7）：161－164.

［42］薛红松．基于多元节点法的物流节点选址研究[J]. 企业导报，2013（18）：84－85.

［43］姜大元．基于多节点的物流选址规划研究[J]. 铁道运输与经济，2005（8）：24－26.

［44］周凌云，赵钢．物流中心规划与设计[M]. 2版．北京：清华大学出版社，北京交通大学出版社，2014.

附录 A

附表 1　　中欧班列西部通道货源地节点间的距离　　单位：千米

重庆	重庆																			
武汉	871	武汉																		
成都	337	1737	成都																	
郑州	1017	536	1353	郑州																
东莞	2206	1064	2527	1600	东莞															
合肥	1652	1181	1998	645	1826	合肥														
义乌	2215	1029	2252	1124	1602	451	义乌													
昆明	896	1953	1100	2489	2199	3098	2868	昆明												
厦门	2493	1013	2805	1549	1588	1196	972	2477	厦门											
长沙	1040	393	1714	898	778	548	865	1587	712	长沙										
乌鲁木齐	2773	3615	3026	3079	4679	3724	4066	4126	4957	3902	乌鲁木齐									
贵阳	388	1314	967	1850	1560	2076	1852	639	1838	949	3993	贵阳								
库尔勒	3192	4006	3448	3485	5089	4147	4391	4439	5419	4039	416	4406	库尔勒							
石河子	2830	3821	2912	3276	4864	3753	4337	4235	4829	3912	135	3293	623	石河子						
兰州	1053	1723	1172	1187	2787	1832	2311	2272	3065	2085	1892	2139	2199	2037	兰州					
西宁	1102	1806	1370	1415	2848	1891	2401	2144	2422	2313	1673	1202	1800	1681	216	西宁				
格尔木	1913	2778	2218	2233	3821	2710	3294	2974	3786	3131	2419	2376	3179	3083	1046	830	格尔木			
临汾	958	1127	893	582	2110	1182	1651	2259	2381	1457	2286	1367	3126	2361	577	1043	2039	临汾		
西安	790	1050	842	511	2187	999	1572	1942	2098	1409	2547	985	2809	2713	676	874	1722	317	西安	
深圳	1311	1170	930	1752	76	1377	1372	1385	458	854	4666	2500	4872	4801	2795	2993	3823	2363	2172	深圳

附表 2　经由西部通道阿拉山口（霍尔果斯）口岸出境的主要中欧班列信息（截至 2017 年 12 月）

序号	班列名称	始发城市	到达城市	口岸	途经国家	运行里程（千米）	运行时间（天）	开行频度	首发时间	主要货源种类
1	渝新欧	重庆（兴隆场）	杜伊斯堡	阿拉山口	哈萨克斯坦、俄罗斯、白俄罗斯、波兰、德国	11179	15	10 班/周	2011 年 3 月	IT 类产品、汽车整车及零配件、机械产品、服装、日用品等
2	汉新欧	武汉（吴家山）	汉堡/杜伊斯堡	阿拉山口	哈萨克斯坦、俄罗斯、白俄罗斯、波兰、德国	10773	15	2 班/周	2015 年 4 月	笔记本电脑、电子产品、汽车零配件、服装、日用品等
3	汉新欧	武汉（吴家山）	莫斯科	阿拉山口	哈萨克斯坦、俄罗斯	9779	12	1 班/周	2015 年 10 月	汉产机械配件、电子产品及服装等生产、生活资料产品
4	汉新欧	武汉（吴家山）	里昂	阿拉山口	哈萨克斯坦、俄罗斯、白俄罗斯、波兰、德国、法国	11300	15	2 班/周	2016 年 4 月	机械产品、电子产品、化工产品及服装等
5	蓉欧	成都（青白江）	罗兹	阿拉山口	哈萨克斯坦、俄罗斯、白俄罗斯、波兰	9826	10	4 班/周	2013 年 4 月	家用电器及工具、机械产品、计算机半成品、灯具等
6	蓉欧	成都（青白江）	纽伦堡	阿拉山口	哈萨克斯坦、俄罗斯、白俄罗斯、波兰、德国	10546	14	1 班/周	2015 年 12 月	家用电器及工具、机械产品、计算机半成品、灯具等

续 表

序号	班列名称	始发城市	到达城市	口岸	途经国家	运行里程（千米）	运行时间（天）	开行频度	首发时间	主要货源种类
7	蓉欧	成都（青白江）	蒂尔堡	阿拉山口	哈萨克斯坦、俄罗斯、白俄罗斯、波兰、德国、荷兰	10858	14	3 班/周	2017 年 12 月	家用电器及工具、机械产品、计算机半成品、灯具等
8	郑新欧	郑州（圃田）	汉堡	阿拉山口	哈萨克斯坦、俄罗斯、白俄罗斯、波兰、德国	10245	12	8 班/周	2013 年 7 月	轮胎、高档服装、文体用品、特种橡胶制品、工艺品等
9	粤新欧	东莞（石龙）	沃尔西诺	阿拉山口	哈萨克斯坦、俄罗斯	11370	15	2～3 班/周	2017 年 4 月	服装、鞋子、皮具、灯具、电器及配件等产品
10	合新欧	合肥（合肥北）	汉堡	阿拉山口	哈萨克斯坦，俄罗斯、白俄罗斯、波兰、德国	11000	15	1 班/周	2015 年 6 月	电子、光伏、轻纺、家电、机械、汽车、医药、家具、建材等产品
11	义新欧	义乌（义乌西）	马德里	阿拉山口	哈萨克斯坦，俄罗斯、白俄罗斯、波兰、德国、法国、西班牙	13052	16	2 班/周	2014 年 11 月	义乌小商品为主
12	义新欧	义乌（义乌西）	车里雅宾斯克	阿拉山口	哈萨克斯坦、俄罗斯	7200	8	1 班/周	2016 年 8 月	义乌小商品为主

续 表

序号	班列名称	始发城市	到达城市	口岸	途经国家	运行里程（千米）	运行时间（天）	开行频度	首发时间	主要货源种类
13	义新欧	义乌（义乌西）	明斯克	阿拉山口	哈萨克斯坦、俄罗斯、白俄罗斯	10000	10	1班/周	2016年10月	义乌小商品为主
14	义新欧	义乌（义乌西）	伦敦	阿拉山口	哈萨克斯坦、俄罗斯、白俄罗斯、波兰、德国、比利时、法国	12000	18	1班/周	2017年1月	日用百货、服装、布料和箱包等
15	义新欧	义乌（义乌西）	布拉格	阿拉山口	哈萨克斯坦、俄罗斯、白俄罗斯、波兰、捷克	10826	16	1班/周	2017年9月	布匹、服装、鞋袜、围巾、圣诞饰品、交流电动车、轴承、自动扶梯梯级等
16	滇新欧	昆明（王家营）	鹿特丹	阿拉山口	哈萨克斯坦、俄罗斯、白俄罗斯、波兰、德国、荷兰	17000	15	1班/周	2015年7月	咖啡豆及其制成品
17	厦蓉欧	厦门	罗兹	阿拉山口	哈萨克斯坦、俄罗斯、白俄罗斯、波兰	10720	15	1班/周	2015年8月	电子产品、服装鞋帽、建材、食品、轻工机械
18	湘欧	长沙（霞凝）	杜伊斯堡	阿拉山口	哈萨克斯坦、俄罗斯、白俄罗斯、波兰、德国	11808	18	2班/周	2014年10月	电子产品、陶瓷、服饰、化工品、纺织品、食品、钢材等

续 表

序号	班列名称	始发城市	到达城市	口岸	途经国家	运行里程（千米）	运行时间（天）	开行频度	首发时间	主要货源种类
19	中欧班列（乌鲁木齐—莫斯科）	乌鲁木齐（乌西）	莫斯科	阿拉山口	哈萨克斯坦、俄罗斯	4700	10	2 班/周	2015 年 6 月	PVC（聚氯乙烯）、番茄酱、烧碱等
20	中欧班列（乌鲁木齐—杜伊斯堡）	乌鲁木齐（乌西）	杜伊斯堡	阿拉山口	哈萨克斯坦、俄罗斯、白俄罗斯、波兰、德国	8000	9	2 班/周	2016 年 5 月	PVC、番茄酱、烧碱等
21	中欧班列（乌鲁木齐—波尔塔瓦）	乌鲁木齐（乌西）	波尔塔瓦	阿拉山口	哈萨克斯坦、俄罗斯、乌克兰	5100	15	1 班/周	2017 年 10 月	石油钻井设备
22	中欧班列（贵阳—杜伊斯堡）	贵阳（改貌）	杜伊斯堡	阿拉山口	哈萨克斯坦、俄罗斯、白俄罗斯、波兰、德国	12000	16	2 班/周	2015 年 7 月	轮胎
23	中欧班列（库尔勒—杜伊斯堡）	库尔勒	杜伊斯堡	阿拉山口	哈萨克斯坦、俄罗斯、白俄罗斯、立陶宛、波兰、德国	9100	28	1 班/月	2015 年 7 月	丁二醇
24	中欧班列（石河子—车里雅宾斯克/莫斯科）	石河子（天业）	车里雅宾斯克/莫斯科	阿拉山口	哈萨克斯坦、俄罗斯	2500	5	2 班/周	2015 年 5 月	PVC

续 表

序号	班列名称	始发城市	到达城市	口岸	途经国家	运行里程（千米）	运行时间（天）	开行频度	首发时间	主要货源种类
25	中欧班列（兰州—汉堡）	兰州（兰州北）	汉堡	阿拉山口	哈萨克斯坦、俄罗斯、白俄罗斯、波兰、德国	8027	15	1 班/月	2015 年 8 月	数控车床和机床、轮胎、对流式电暖器、焦宝石
26	中欧班列（西宁—安特卫普）	西宁	安特卫普	阿拉山口	哈萨克斯坦、俄罗斯、白俄罗斯、波兰、德国、比利时	9838	12	1 班/月	2016 年 9 月	藏毯、枸杞等青藏高原特色产品
27	中欧班列（格尔木—布罗齐纳亚）	格尔木	布罗齐纳亚	阿拉山口	哈萨克斯坦、俄罗斯	6359	10	1 班/月	2017 年 8 月	盐湖化工产品
28	中欧班列（临汾—慕尼黑）	临汾（侯马）	慕尼黑	阿拉山口	哈萨克斯坦、俄罗斯、白俄罗斯、波兰、德国	10310	18	1 班/月	2017 年 7 月	汽车零部件、机械零部件等铸件产品
29	中欧班列（临汾—马拉舍维奇）	临汾（侯马）	马拉舍维奇	阿拉山口	哈萨克斯坦、俄罗斯、白俄罗斯、波兰	10021	14	1 班/月	2017 年 9 月	汽车零部件、机械零部件等铸件产品
30	中欧班列（临汾—卢戈）	临汾（侯马）	卢戈	阿拉山口	哈萨克斯坦、俄罗斯、白俄罗斯、波兰、德国、意大利	10536	15	1 班/月	2017 年 10 月	汽车零部件、机械零部件等铸件产品

续　表

序号	班列名称	始发城市	到达城市	口岸	途经国家	运行里程（千米）	运行时间（天）	开行频度	首发时间	主要货源种类
31	中欧班列（西安—华沙）	西安（新筑）	华沙	阿拉山口	哈萨克斯坦、俄罗斯、白俄罗斯、波兰	9048	12	1班/周	2016年8月	机械设备和配件、家居、灯饰、饮水机、制冰机、铝型材、服装、电子设备等
32	中欧班列（西安—汉堡）	西安（新筑）	汉堡	阿拉山口	哈萨克斯坦、俄罗斯、白俄罗斯、波兰、德国	9547	16	1班/周	2016年9月	机械设备、家居、服装、电子设备等
33	中欧班列（西安—莫斯科）	西安（新筑）	莫斯科	阿拉山口	哈萨克斯坦、俄罗斯	7423	11	1班/周	2016年12月	机械设备和配件、家居、灯饰等
34	中欧班列（西安—布达佩斯）	西安（新筑）	布达佩斯	阿拉山口	哈萨克斯坦、俄罗斯、白俄罗斯、波兰、捷克、斯洛伐克、匈牙利	9312	17	1班/周	2017年4月	义乌小商品为主
35	中欧班列（西安—科沃拉）	西安（新筑）	科沃拉	霍尔果斯	哈萨克斯坦、俄罗斯、芬兰	9838	17	1班/周	2017年11月	中国西部的装备制造、电子产品及农业特色产品

续 表

序号	班列名称	始发城市	到达城市	口岸	途经国家	运行里程（千米）	运行时间（天）	开行频度	首发时间	主要货源种类
36	中欧班列（深圳—明斯克）	深圳（盐田港）	明斯克	阿拉山口	哈萨克斯坦、俄罗斯、白俄罗斯	9900	13	2班/月	2017年5月	滚筒洗衣机、洗碗机、空调、分纤盒等
37	中欧班列（厦门—汉堡）	厦门	汉堡	阿拉山口	哈萨克斯坦、俄罗斯、白俄罗斯、波兰、德国	11866	16	1班/周	2017年7月	液晶显示器、LED灯、服装、鞋帽等
38	中欧班列（厦门—杜伊斯堡）	厦门	杜伊斯堡	阿拉山口	哈萨克斯坦、俄罗斯、白俄罗斯、波兰、德国	11951	16	1班/周	2017年10月	液晶显示屏、平板电视、机械配件、花岗岩等

附录 B

交通运输部等十八个部门关于进一步鼓励开展多式联运工作的通知

交运发〔2016〕232 号

各省、自治区、直辖市人民政府，国务院各部委、各直属机构：

多式联运是依托两种及以上运输方式有效衔接，提供全程一体化组织的货物运输服务，具有产业链条长、资源利用率高、综合效益好等特点，对推动物流业降本增效和交通运输绿色低碳发展，完善现代综合交通运输体系具有积极意义。当前，我国多式联运发展水平仍然较低，协同衔接不顺畅、市场环境不完善、法规标准不适应、先进技术应用滞后等问题较为突出。为进一步加快多式联运发展，构建高效顺畅的多式联运系统，经国务院同意，现通知如下：

一、依法加强监管，营造良好市场环境

（一）优化市场监管方式。已依法获得铁路、道路、水路、航空货物运输以及无车承运、无船承运、邮政快递业务经营资质或者国际货运代理备案的企业，可独立开展与其主营业务相关的多式联运经营活动，或者联合其他具有相关资质的企业组织开展多式联运经营活动，不得对其增设新的行政审批事项。在安全管控、价格自律、责任担保、风险防范等方面加强事中事后监管，逐步建立多式联运经营信用考核评价体系与奖惩联动机制，在市场监管和公共服务过程中，对诚实守信企业给予优先办理、简化程序等“绿色通道”政策。（交通运输部会同国家发展改革委、商务部、工商总局、税务总局、海

关总署、铁路局、民航局、邮政局、铁路总公司等负责）

（二）加快公路货运市场治理。依法加强公路货运市场环境治理，强化重型货运车辆装卸源头监管和动态监控。严格实施《汽车、挂车及汽车列车外廓尺寸、轴荷及质量限值》（GB1589）等技术标准，有序引导不合规车辆逐步退出市场。加强新增公路运输车辆的注册登记、技术检测和准入管理，推动中长距离货物运输由公路有序转移至铁路、水路等运输方式。（交通运输部会同公安部、工业和信息化部、商务部、工商总局、质检总局等负责）

（三）严格规范涉企收费行为。对铁路、公路、水路、航空、邮政快递等运输领域行政事业性收费、政府性基金和实行政府定价、政府指导价的经营服务性收费，全面纳入目录清单并严格执行。督促和检查相关单位严格执行港口、铁路收费政策，落实收费公示制度，规范经营服务性收费行为。（财政部、国家发展改革委、交通运输部、民航局、邮政局、铁路总公司等负责）

（四）加强市场运行监测。加大对发展多式联运的基础研究投入力度，建立专项统计调查制度和运行监测机制，组织开展多式联运市场调查、运行监测和绩效评估，针对区域间和国际间主要通道辐射范围、流量流向、货品货类、货物价值、运行实效等建立动态监测评估体系。（交通运输部会同国家发展改革委、国家统计局、铁路局、民航局、邮政局、铁路总公司等负责）

二、夯实发展基础，提升支撑保障能力

（五）完善基础设施网络。依托物流大通道，加快形成贯通内外的国家多式联运网络主骨架，优化多式联运分层、分类节点布局。优化内陆无水港节点布局，完善口岸服务功能，引导以货运功能为主的机场合理布局。研究推进具有驮背运输、双层集装箱运输需求且技术经济合理的铁路通道设施技术改造。强化多式联运枢纽与关联产业的联动发展，积极拓展市场交易、仓储配送、流通加工、金融结算等配套服务功能。支持具有公共属性的多式联运枢纽站场和集疏运体系建设、运输装备升级改造、信息互联共享等。（交通运输部、国家发展改革委会同国土资源部、住房城乡建设部、财政部、人民银行、海关总署、铁路局、民航局、邮政局、铁路总公司、质检总局等负责）

（六）畅通转运微循环系统。着力破解多式联运末端微循环瓶颈制约，重

点推进全国主要港口集疏港铁路、公路建设，完善铁路集装箱中心站、铁路物流基地等进出站场配套道路设施。加快航空货运枢纽以及邮政快递分拨中心等外联专用公路项目建设，支持大型综合物流园区引入铁路专用线。畅通多式联运枢纽站场与城市主干道的连接，提高干支衔接能力和转运分拨效率。（交通运输部、国家发展改革委会同商务部、铁路局、民航局、邮政局、铁路总公司等负责）

（七）强化服务规则衔接。加快推进不同运输方式在票据单证格式、运价计费规则、货类品名代码、危险货物划分、包装与装载要求、安全管理制度、货物交接服务规范、保价保险理赔标准、责任识别等方面的衔接，制定有利于"门到门"一体化运输组织的多式联运服务规则。（交通运输部会同商务部、海关总署、质检总局、保监会、铁路局、民航局、邮政局、铁路总公司等负责）

（八）健全法规标准体系。积极开展综合交通运输促进法、多式联运法等立法研究论证，强化不同运输方式间法规制度的相互衔接与协调。健全多式联运基础设施、运载单元、专用载运工具、快速转运设备、信息交换接口、包装与加固等技术、产品和服务标准体系，建立适合我国国情的内陆集装箱技术标准框架，并做好与国际标准的有机衔接。完善信息共享标准，明晰责任边界、共享条件、利益分配、信息目录、风险管控等事项。积极参与多式联运相关国际标准化工作。（交通运输部、国家标准委会同法制办、工业和信息化部、商务部、铁路局、民航局、邮政局、铁路总公司等负责）

三、深化行业改革，创新运输服务模式

（九）推广先进运输组织形式。大力发展集装箱多式联运，加快推进铁路货物集装化、零散货物快运化运输。组织开展厢式半挂车、水陆滚装多式联运试点示范，积极推广江海中转联运、江海直达运输模式，有序发展铁路驮背运输、"卡车航班"空陆联运等组织模式。（交通运输部、国家发展改革委会同铁路局、民航局、邮政局、铁路总公司等负责）

（十）深化铁路和货运价格改革。深入推进铁路货运市场化改革，创新铁路货运管理和经营组织模式，提高全程物流组织的协同性、运输服务的时效性和市场经营的自主性。逐步放开铁路货运竞争性领域价格，扩大企业自主定

价范围，建立完善能够灵敏反映市场供求和竞争状况、体现服务质量差异的铁路货运价格形成机制。加快改革多式联运领域价格形成机制，鼓励多式联运经营企业结合市场供求与竞争形势变化、经营成本等因素合理协商定价。（国家发展改革委会同交通运输部、铁路局、民航局、邮政局、铁路总公司等负责）

（十一）培育多式联运经营企业。组织开展多式联运示范工程建设，积极培育具有跨运输方式货运组织能力并承担全程责任的企业开展多式联运经营，引导企业建立全程“一次委托”、运单“一单到底”、结算“一次收取”的服务方式，支持企业应用电子运单、网上结算等互联网服务新模式。探索建立基于碳核算的多式联运绩效评估机制，促进交通运输行业结构性节能减排。（交通运输部、国家发展改革委会同工业和信息化部、商务部、铁路局、民航局、邮政局、铁路总公司等负责）

（十二）丰富联运服务产品。鼓励运输企业按照资源共享、网络共建、风险共担原则，以资本、产品、信息为纽带开展联盟合作，加强冷藏集装箱、罐式集装箱等专业化多式联运，发展集装箱箱管、半挂车车管、标准托盘和运输包装循环共用，以及铁路长距离危险品专业化运输。引导和培育集装箱、半挂车以及托盘等多式联运设备租赁市场发展。（交通运输部会同铁路总公司、商务部等负责）

四、推动信息共享，加快装备技术进步

（十三）实现行业信息共享。依托国家交通运输物流公共信息平台、电子口岸公共平台等现有信息管理系统建立多式联运公共信息资源平台，提供资质资格、认证认可、检验检疫、通关查验、税收征缴、违法违章、信用评价、政策动态等一站式服务。积极引导企业开放枢纽站场、运力调配、班线计划等数据资源。（国家发展改革委、交通运输部会同工业和信息化部、商务部、海关总署、质检总局、税务总局、铁路局、民航局、邮政局、铁路总公司等负责）

（十四）推广标准化运载单元。大力推广应用集装箱、厢式半挂车等标准化运载单元和货运车辆，探索发展模块化汽车列车。研究发展适应我国铁路和公路技术条件的大尺寸、大容量内陆集装箱。组织开展可交换箱体技术研究，探索推进产业化研发应用。优先推广使用 1200mm × 1000mm 标准托盘，

推动一贯化带盘运输。（交通运输部、铁路总公司会同工业和信息化部、商务部、国家标准委等负责）

（十五）加强专业化联运设备研发。鼓励企业研发应用跨运输方式的吊装、滚装、平移等快速换装转运专用设备。组织开展重大技术装备关键技术和物联网在集装箱多式联运领域集成应用等专项科技攻关。研发铁路双层集装箱专用平车、铁路驮背运输专用载运工具、半挂车专用滚装船舶等专业化装备和配套机具。支持多式联运经营企业与装备制造企业联动发展。（工业和信息化部、铁路总公司会同交通运输部、国家发展改革委、科技部等负责）

五、深化对外合作，拓展国际联运市场

（十六）统筹国际联运有序发展。完善中欧班列跨省域、跨部门协同联动机制，有效整合中欧班列资源，加快集结中心枢纽节点建设，完善配套喂给服务网络。推动形成直达、中转等多种形式有机结合的国际联运服务模式，提高国际班列的运行时效性，促进常态化稳定开行。统筹跨境、过境陆海联运、陆空联运协调发展。研究完善国际多式联运培育期扶持政策，推进市场化自主运营。（国家发展改革委、铁路总公司会同交通运输部、海关总署、商务部、质检总局等负责）

（十七）优化口岸通关监管模式。深化大通关体制机制创新，加快国际贸易“单一窗口”建设，全面推进通关作业无纸化，实现口岸管理相关部门信息互换、监管互认、执法互助。创新海关多式联运进出口货物监管模式，探索建立对高资信多式联运经营企业实施免海关封志制度，进一步简化通关流程。加快国家多式联运海关监管中心建设，推动具有国际多式联运服务功能的枢纽与口岸查验、检验检疫区等集中布局。（海关总署、质检总局会同交通运输部、公安部、商务部、铁路局、民航局、邮政局等负责）

（十八）深化国际运输交流合作。加快制修订国际运输双边、多边协定，强化与国际多式联运规则对接。推动与“一带一路”沿线国家在技术标准、单证规则、数据交换、通关报关、资质认证、安全与应急处置等方面开展务实合作。支持多式联运经营企业布局境外服务网络，加快建设境外转运中心、分拨中心和业务网点。引导企业加大与境外服务商的合作力度，加强国际多

式联运平台建设和品牌培育。（交通运输部、商务部会同外交部、国家发展改革委、海关总署、质检总局、铁路局、民航局、邮政局、铁路总公司等负责）

各有关部门要按照任务分工，抓紧推进相关工作，加大政策支持力度，加强跟踪监测和督促检查；利用全国现代物流工作部际联席会议机制，协调解决跨行业、跨部门、跨领域的规划、标准、政策等事项；充分发挥行业协会、商会等桥梁纽带作用，促进行业规范自律。各地区要切实加强组织领导，明确责任主体，强化协同配合，开展具体实施行动，及时解决存在的问题，力争实现2020年多式联运货运量比2015年增长1.5倍，努力走出一条结构优、质量高、效益好、带动力强的多式联运发展新路。

交通运输部
外交部
国家发展改革委
科技部
工业和信息化部
公安部
财政部
国土资源部
住房城乡建设部
商务部
人民银行
海关总署
税务总局
工商总局
质检总局
国家统计局
保监会
铁路总公司
2016 年 12 月 28 日

后　记

在项目研究期间，北京物资学院的何明珂教授、姜旭教授、杜志平教授、邬跃教授、田雪老师在研究上给予了很多建议和指导，北京物资学院的同事们提供了工作上的帮助和支持，本书写就之际，向多位老师表达诚挚的谢意。

史意、王兴宾、洑铭乐、熊姝颖、王雯、刘粉等同学在课题项目中的辛勤工作确保了项目的顺利运行，在此表示衷心的感谢，并祝各位学业和工作顺利！同时，感谢何明珂教授在课题研究过程中给予的宝贵建议和帮助，何明珂教授扎实的理论功底和严谨的治学态度是我毕生学习的目标。邬跃教授在课题中的丰富经验以及对学生的热情指导使我终生难忘。最后，任何言语都无法表达我对深爱着的父母和爱人的无限感激，正是他们长期以来提供的无私的帮助、鼓励和支持，使我顺利完成研究工作，让我充满信心地面对未来。

本书研究期间得到北京社会科学基金研究基地项目（2017JDGLB017）、北京物资学院校级重大项目（2018XJZD06）和北京市委组织部优秀人才培养资助项目“京津冀多式联运枢纽动态监测网络平台构建研究”的资助，在此表示郑重感谢！

作者简介：汪芸芳（1982—），女，河北省石家庄市人，北京物资学院物流学院，副教授，管理学博士，博士后，主要研究方向为物流成本、国际物流。

中国物流专家专著系列

1.《北京奥运物流系统规划》 刘文杰 2007年02月
2.《传统物流与现代物流》 宋耀华 2007年04月
3.《中国物流（第2版）》 丁俊发 2007年05月
4.《企业物流信息系统整合与应用》 于宝琴 等 2007年06月
5.《供应链风险预警机制》 刘永胜 2007年07月
6.《现代物流与经济发展——理论、方法与实证分析》 刘 南 等 2007年08月
7.《集群式供应链库存优化与应用》 黎继子 等 2007年09月
8.《区域物流系统建模与实务》 张 潜 2007年09月
9.《物流与供应链中的三大问题研究》 黄祖庆 2007年10月
10.《中国铁路现代物流发展战略》 张 诚 2007年10月
11.《集群式供应链理论与实务》 黎继子 等 2008年11月
12.《企业间关系形态研究》 于唤洲 2009年05月
13.《玻璃包装回收物流系统》 杨晓艳 2009年05月
14.《物流成本管理理论及其应用》 黄由衡 2009年08月
15.《供应链风险管理》 刘浩华 2009年09月
16.《回收产品再生物流理论模型及协商机制》 周三元 2009年09月
17.《服务供应链管理》 刘伟华 等 2009年10月
18.《农产品物流框架体系构建》 李学工 2009年10月
19.《国际物流与制度因素》 王国文 2010年05月
20.《物流的内涵和物流战略管理实践》 靳 伟 2010年05月

21.《铁路现代物流中心综合发展规划理论与应用》 韩伯领 等 2010 年 12 月
22.《区域物流协调发展》 张中强 2011 年 03 月
23.《现代物流服务体系研究》 贺登才 等 2011 年 04 月
24.《铁路物流发展理论及其支撑技术研究》 张 诚 2011 年 06 月
25.《生产物流系统工作流管理关键技术研究与实践》 杨志军 2012 年 05 月
26.《基于成员目标定位的大规模定制模式下供应链运作》 姚建明 2014 年 05 月
27.《物流外包风险分析与控制策略研究》 徐 娟 2014 年 06 月
28.《应急物流运作》 侯云先 等 2014 年 09 月
29.《城市群物流需求空间分布特征研究》 葛喜俊 2014 年 09 月
30.《物流企业创新》 田 雪 2014 年 12 月
31.《不确定因素下物流配送车辆路径规划问题的建模及优化方法》 王 君 2014 年 12 月
32.《成品粮应急代储系统协调机制研究》 翁心刚 等 2015 年 03 月
33.《果蔬冷链物流系统安全评估及优化研究》 杨 芳 2015 年 05 月
34.《基于协议流通模式的农产品信息追溯体系研究》 王晓平 等 2015 年 05 月
35.《我国制造业与物流业联动发展研究》 王茂林 2015 年 07 月
36.《大数据时代农产品物流的变革与机遇》 张天琪 2015 年 09 月
37.《供应链风险管理》 王 燕 2015 年 09 月
38.《区域物流需求预测研究》 程肖冰 等 2015 年 10 月
39.《物流企业多元化发展研究——从战略协同视角》 杨 丽 2015 年 12 月
40.《区域物流枢纽演化及规划研究》 陆 华 2015 年 12 月
41.《社会物流成本核算》 汪芸芳 等 2016 年 08 月
42.《基于应急供应链的救灾物资配送模糊决策研究》 朱佳翔 2017 年 01 月

43.《闭环军事供应链网络规划与设计》 张　飞 2017年03月

44.《物流产业生态系统视角下缓解城市雾霾理论与实证研究》 张　诚 等 2017年06月

45.《企业物流外包决策研究》 白晓娟 著 2017年12月

46.《经济新常态下城市物流空间结构特征及演化机制研究——以长沙金霞经济开发区为例》 戴恩勇 等 2017年12月

47.《大规模定制化物流服务模式下物流服务供应链调度理论与方法》 刘伟华 等 2018年01月

48.《基于实习基地模式的物流实践性人才培养研究》 章　竟 2018年12月

49.《服务供应链管理（第2版）》 刘伟华 等 2019年08月

50.《北京农产品物流模式创新研究》 唐秀丽 2020年06月

51.《智慧物流生态链系统形成机理与组织模式》 刘伟华 2020年12月

52.《物流枢纽经济发展模式与运行机理研究》 朱占峰 等 2020年12月

53.《国际陆港理论与实践》 徐德洪 2021年10月